# PROMÉNADES A BERCY

PAR

## Alfred SABATIER (de Bercy)

OFFICIER D'ACADÉMIE

Délégué cantonal pour l'Instruction primaire, etc.

AVEC UNE PRÉFACE

PAR

## ÉMILE DE LA BÉDOLLIÈRE

PARIS

CHEZ L'AUTEUR, QUAI DE BERCY, 36

1878

*mmage de l'auteur à*

*H. Tabaux*

*20 février 1880*

# PROMENADES A BERCY

# DU MÊME AUTEUR

---

L'Égoïsme.

Mes Adieux à Bercy.

Metzger le Sauveteur.

Le Château de Bercy.

Un Déjeuner au Rocher-de-Cancale.

Une Excursion à Houlbec-Cocherel.

Discours philosophiques.

BERCY, son Histoire, son Commerce.

# PROMENADES A BERCY

PAR

## Alfred SABATIER (de Bercy)

OFFICIER D'ACADÉMIE

Délégué cantonal pour l'Instruction primaire, etc.

AVEC UNE PRÉFACE

PAR

ÉMILE DE LA BÉDOLLIÈRE

PARIS

CHEZ L'AUTEUR, QUAI DE BERCY, 36

—

1878

. . . . . . . . . . . . . . . . . . .

« *Il est bon que les communes en France, et à Paris chaque quartier, aient leur histoire, leurs traditions, leurs souvenirs; et, de même que le foyer paternel pour les familles, c'est pour les municipalités de France la maison commune qui doit réunir et garder ces traditions et cette histoire.* » (Marques d'assentiment.)

. . . . . . . . . . . . . . . . . . .

(Discours prononcé, le 27 octobre 1878, par M. DE MARCÈRE, Ministre de l'Intérieur, à l'inauguration de la nouvelle mairie du XIX<sup>e</sup> arrondissement de Paris.)

# PRÉFACE

---

Connaissez-vous Frédo? pour peu que vous aimiez les observations fines et judicieuses, vous avez dû lire les opuscules déjà publiés sous ce pseudonyme par notre cousin et ami Alfred Sabatier.

Originaire de Montpellier, enfant de Bercy où son père était venu se fixer, il a consacré à des études historiques, sur cette intéressante localité, tous les loisirs que pouvait lui laisser la direction d'une maison de commerce importante.

Quand les barrières furent reculées, quand la vieille commune fut englobée dans le XIIᵉ arrondissement, Sabatier préluda, par les *Adieux à Bercy*, à un ouvrage plus détaillé sur *Bercy, son histoire et son commerce*.

1

C'est un travail d'historien et de chroniqueur.
— Les annales de l'ancien domaine des Nicolaï
y sont développées avec une érudition qu'auraient enviée l'abbé Lebœuf et Jaillot. — Dans
les *Promenades à Bercy*, Sabatier devient plus
fantaisiste, sans rien perdre de son profond savoir. Il se dédouble; et, sous le nom de Frédo,
se suppose le cicérone de Maxime, frais émoulu
de province, débarquant en droite ligne de l'Hé·
rault. — Frédo se charge de le piloter, de lui
peindre, de lui décrire, de lui montrer dans les
moindres détails Bercy passé, présent et même
futur. — Il en retrace les us et coutumes, les
mœurs, la physionomie, les sites, les paysages,
avec tant de fidélité, que son livre pourra servir
de *vade mecum* aux voyageurs en vins, aux propriétaires de vignobles, à toute la corporation
vinicole.

Déjà, *Bercy, son histoire, son commerce*, avaient
un mérite identique, et les journaux qui s'en
occupaient répétaient ces lignes : « L'auteur,
M. Alfred Sabatier, officier d'académie, a résumé dans ce travail ses longues études sur ce
sujet, qui intéresse au plus haut degré tous
ceux qui s'occupent de la production, du transport et de la vente des vins. »

— Mais les destins et les flots changent!

Le voisinage de la Seine, si favorable au commerce de Bercy, lui a été fatal à plusieurs reprises, et particulièrement au mois de mars 1876. — Sabatier en suit les phases, et, dans un chapitre intitulé : *Bercy inondé*, il fait comprendre comment les sénateurs, députés de la Seine, conseillers généraux, conseillers municipaux, tombèrent d'accord sur la nécessité de mettre Bercy à l'abri des inondations.

Dans un dernier chapitre : *Bercy exproprié*, notre ami analyse le rapport présenté par M. Viollet-Leduc au conseil municipal. La construction d'un entrepôt définitif est résolue; l'expropriation des immeubles placés dans le périmètre de Bercy est faite; les décisions du conseil municipal, les travaux de la commission d'enquête sont approuvés par décret du président de la République, en date du 6 août 1877.

Sabatier a pu d'autant mieux noter les métamorphoses projetées, qu'il appartient à la Chambre syndicale des vins et spiritueux, où il remplit les fonctions de secrétaire, et que bien souvent le bureau de la Chambre est appelé à faire des démarches auprès de l'administration municipale, en faveur des commerçants de Bercy.

A son nouveau livre, notre cousin a joint deux gravures dues au burin d'un éminent artiste, poëte à ses heures, Eugène Gervais; elles représentent, l'une le *Grand-Château de Bercy*, l'autre le *Petit-Château*, deux monuments qui ne sont plus aujourd'hui qu'un souvenir...

Avec quelle vivacité de tons le cousin rebâtit la demeure seigneuriale élevée pour la famille de Nointel, par Mansard et Le Nôtre!... Il nous semble revoir encore cette superbe propriété, que contemplaient avec étonnement ceux qui passaient devant les *Deux Lions*.

En dehors des ouvrages relatifs à Bercy, Sabatier a fait paraître dans le *Moniteur vinicole*, l'*Echo agricole*, la *Vigne*, le *Moniteur commercial*, etc., etc., un grand nombre d'articles spéciaux attestant une connaissance approfondie de tout ce qui concerne l'industrie vinicole.

*Frédo*, dans une petite brochure parue il y a plusieurs années, nous a montré l'*Egoïsme* avec toute son horreur et toute sa force, avec ses fatales conséquences et son règne qui durera peut-être autant que le monde.

L'auteur ne se pose pas en moraliste; il constate ce qui existe, sonde les plaies, et, quand est venu le moment d'appliquer le remède au mal,

*Frédo* (c'est sous ce pseudonyme qu'il a écrit l'*Egoïsme*), avec une grande énergie, le trouve dans le remplacement du *moi* en *nous* et appelle de tous ses vœux la fraternité universelle.

— Hélas!... que d'étapes à franchir encore pour atteindre le but tant désiré par les natures de cœur, au nombre desquelles nous aimons à trouver Sabatier !

Un improvisateur que nous avions connu à Angoulême, Louis Collin, a écrit, au courant de la plume, en 1859, une physiologie d'Anatole Sigismond Frédo et, entre autres détails, il donnait ceux-ci :

« *Frédo*, dans le commerce, se nomme *A. S.* Hors de ses bureaux, c'est le plus joyeux compagnon qu'il y ait à Paris. — Il a un cœur d'or et vous le trouverez toujours prêt à faire le bien. »

Les *Promenades à Bercy* achèvent de consolider sa réputation d'historien et je dirai, comme mon collaborateur et ami Louft : « Le Bercy d'avant l'annexion, ce Bercy si bruyant avec ses cafés, ses restaurants, ses parcs, ses châteaux, le vrai Bercy enfin, survivra quand même, grâce à l'œuvre attrayante d'Alfred Sabatier.

ÉMILE DE LA BÉDOLLIÈRE.

26 juillet 1878.

# PROMENADES A BERCY

*Vidi, audivi, scripsi.*

J'ai fait plusieurs promenades à Bercy, chers lecteurs, et je vous demande la permission de vous en rendre compte, avant l'expropriation de ce grand marché, qui ne tardera pas à faire place à un immense entrepôt réel, en harmonie avec les besoins du commerce en gros des vins et spiritueux.

La première fois que je *débarquai* à Bercy, mon vieil ami *Frédo*, un négociant du cru, me reçut à bras ouverts et me conduisit chez Philippe Verrier, le propriétaire du *Rocher de Cancale*, où je me trouvai en compagnie de joyeux convives.

La présentation fut faite sans cérémonie. D'ailleurs, les négociants de Bercy sont tous *ronds* (?)... sans façon... pas fiers... et je fus bien vite à l'aise avec ces fils de Noé.

Après un déjeuner des mieux servis par Benoît, le premier aide de camp de Philippe (mes félicitations à Henri Lejeune, le chef de cuisine), je priai l'ami Frédo de me faire visiter les entrepôts, dont on m'avait tant parlé à Montpellier, le pays de ma famille paternelle.

— Mais tu n'y penses pas, me répondit cet ami !... Bercy occupe une superficie de 44 hectares ; il nous faudra au moins huit jours pour visiter en détail ses magasins, cours, rues, impasses, cafés, restaurants, etc., etc. Il est trop tard pour faire notre première promenade.

Tiens !... il pleut... impossible de sortir !...

En attendant que nos convives terminent leur partie de billard, installons-nous à cette table. La vue est charmante ; on aperçoit *les petits bateaux qui vont sur l'eau...*

— Et puis, mon cher *Frédo* ?...

— Eh bien, mon cher *Maxime*, si tu y consens, je vais te renseigner d'abord sur l'origine de Bercy ? Lorsque nous nous reverrons, ce sera pour faire nos excursions dans ce grand vignoble de France, où la vinosité et la gaîté dominent ?

—Accepté !....

— Je commence donc, et surtout ne m'interromps pas, je t'en prie, avec tes calembours ?

# I

ORIGINE DE BERCY

— Bercy a été créé en **1789** (décrets des **19-23** octobre). Le décret du **12 février 1859**, sur l'extension des limites de Paris, a compris cette commune dans le XIIe arrondissement,

Sous le règne de Louis VI *le Gros*, (**1108-1137**), le territoire de Bercy était renommé pour sa fertilité en grains. C'est depuis environ un siècle seulement que, de plantureuse campagne qu'il était autrefois, Bercy est devenu peu à peu le vaste entrepôt, qu'il est aujourd'hui, de vins, d'eaux-de-vie, d'huiles et de vinaigres.

Il se forma dans la commune trois groupes de population bien distincts : La *Rapée*, *Bercy* et la *Grand'Pinte*. On ne parle plus que pour mémoire des deux autres divisions ou subdivisions appelées : La *Vallée de Fécamp* et le *Ponceau*.

On voit encore dans la rue de Charenton, à proximité de l'ancienne résidence de Cartouche et au coin de la rue Nicolaï, la maison d'un marchand de vins en détail, qui porte pour enseigne une grande pinte : De là, le nom de *Grand'Pinte* donné au quartier.

La pinte, tu le sais, mon cher Maxime, était le litre de nos anciens?

Bercy dut sa naissance au garage de quelques bateaux de vins qui arrivaient à certaines époques de l'année, et que les exigences fiscales forçaient à ne pas franchir la limite de l'octroi.

La réussite des premiers marchands forains fut un signal pour beaucoup d'autres, qui se rendirent en foule sur la plage de Bercy.

On y débarquait les vins, qui stationnèreut d'abord à la belle étoile, sur un sol marécageux.

Des constructeurs, taxés de témérité, s'avisèrent d'y élever quelques abris en planches couverts de chaume. Les vins se trouvaient dès lors abrités contre les intempéries.

Enfin, l'agglomération était formée et la grandeur future de Bercy se dessinait sans prospectus, sans annonces, sans titres pompeusement cotés à la bourse.

Il ne lui manquait que le baptême des catastrophes qui régénèrent les grandes créations.

Deux éléments, l'eau et le feu, fléaux dévastateurs s'il en fût, et cependant plus bénins que les liquidations des folles entreprises, se chargèrent de cette épreuve.

Le 31 juillet 1820, un incendie dévora une partie considérable des magasins de Bercy.

La perte causée par cette catastrophe fut évaluée à plus de dix millions.

Un autre incendie, qui aurait pu devenir aussi violent que celui de 1820, éclata sur le quai, au numéro 21, dans la nuit du 31 mars 1853. En peu d'instants, tout l'entrepôt Gabriel Alain fut détruit. Les flammes s'élevaient à une telle hauteur, que, de Fontainebleau, on en distinguait la rougeâtre et sinistre clarté, et qu'à Champigny-sur-Marne, les laitières, qui s'apprêtaient à se rendre à Paris, purent, cette terrible nuit-là, remplir leurs boîtes à la lueur du feu.

La perte, cette fois, fut estimée à près d'un million; et elle eût été bien plus grande, si le corps des sapeurs-pompiers, la garde nationale, tous les citoyens, en un mot, n'eussent rivalisé de dévouement pour circonscrire l'incendie.

Quelques années se signalèrent par des inondations, notamment 1836 et 1876.

En 1836, la Seine s'était changée en torrent. On naviguait dans les rues. Il y avait plus de deux mètres d'eau sur le quai.

Dans l'avenue des Pommiers (Petit-Château), deux jeunes étourdis de ma connaissance se promenaient sur l'eau, ayant pour nacelle un baquet gigantesque.

Tout à coup, cet esquif d'un nouveau genre chavira, et mes gaillards durent se livrer à l'exercice de la *coupe* et de la *brasse* dans un endroit où, depuis le déluge, jamais poisson n'avait peut-être frétillé, si ce n'est dans la poêle à frire.

En 1876, au mois de mars, la crue atteignit 6 m. 70 cent. à l'étiage du pont de la Tournelle : 30 centimètres de plus qu'en 1836 !

Le commerce de Bercy ne peut demeurer plus longtemps exposé à des inondations aussi préjudiciables à ses intérêts.

Que l'on se hâte donc de construire l'entrepôt projeté, avec exhaussement du sol, et tout sera pour le mieux dans le meilleur des entrepôts !...

\*\*\*

C'est à Bercy, mon cher *Maxime*, que se donnent rendez-vous les vins de la Côte-d'Or, de la Basse-Bourgogne, du Mâconnais, de la Touraine, de l'Anjou, du Bordelais, des Charentes, du Midi, etc., etc.

C'est là que la principale richesse du sol français offre aux consommateurs un choix, que ne pourrait permettre aucune place du monde.

Beaucoup d'étrangers, presque tous les Parisiens, industriels, commerçants, rentiers, savants, etc., se flattent d'avoir visité Bercy.

Je t'attendais avec impatience, mon cher ami, et j'aime à penser que tu seras enchanté de ton voyage, puisqu'il t'aura fourni l'occasion de faire connaissance avec « le pays qui m'a vu naître, » Je n'ai plus rien à t'apprendre sur son origine.

Lundi prochain, nous visiterons les berges ; tu **prendras des notes**, comme aujourd'hui, et tu pourras, après *revue* et *correction*, les publier dans le *Moniteur vinicole*. Je te donnerai un mot de recommandation pour M. Paul Le Sourd, l'aimable directeur de cet organe de la production et du commerce des vins; et, j'en ai l'intime conviction, tu recevras chez lui un excellent accueil.

J'accepte de grand cœur, répondis-je, et je quittai mon ancien condisciple en lui disant : merci et au revoir!

## II

### LES BERGES DE BERCY

Depuis plusieurs années, les berges de Bercy
sont séparées du quai par des grilles en bois,
*ornées*, de distance en distance, de portes à deux
battants : Les unes fermées, les autres ouvertes,
au choix de l'octroi, qui, sentinelle avancée, veille
au grain... non au vin... quand il y en a!...

Autrefois, au dire de *Frédo*, les négociants
avaient la facilité de circuler librement sur la partie de la berge placée devant leurs entrepôts ; les
portes étaient ouvertes, du matin au soir ; on rece-
vait des barriques de vin, on les gerbait ; puis,
la clientèle était conduite devant les marchandises,
comme cela a lieu habituellement à l'époque des
arrivages des vins nouveaux. On traitait les affaires
sur berge, avec cette liberté d'action qui semble
disparaître aujourd'hui.

Et *Frédo* d'ajouter :

« Depuis environ trois ans, l'octroi a cru devoir
fermer quelques portes et en ouvrir d'autres pendant la journée ; de sorte que le négociant, dont la

maison de commerce fait face à la partie de berge
*fermée*, est obligé d'aller demander la clef au bri-
gadier, s'il a besoin de recevoir des marchandises
sur berge ou d'en sortir. J'admets qu'il y ait un
compte de berge, mais pourquoi ne pas procéder
comme on procède à l'égard des entrepôts ?... En
hiver, ils sont ouverts à 7 heures du matin et fermés à 5 heures du soir. L'octroi ne devrait-il pas
agir de même pour l'entrepôt-berge ? Ce serait
justice, n'est-ce pas, mon cher Maxime ? »

Novembre et décembre, voilà les mois favorables
à la berge ; en ces mois bénis, elle redevient presque telle qu'elle était durant les beaux jours, alors
surtout que la Seine, reliée par les canaux à tous
les fleuves et rivières de France, amenait seule à
Bercy tous les vins que Paris et les environs con-
sommaient ; que les chemins de fer de Lyon et
d'Orléans n'existaient pas ; qu'une flotte de ba-
teaux-porteurs couvrait le fleuve, et que, au lieu
du sifflet étourdissant des locomotives, l'on n'entendait que les cris de manœuvres des mariniers :
ohis !... ohis!...

Si ce mouvement, cette vie, ont diminué, ils
sont grands encore à chaque automne. La mi-no-
vembre n'est pas venue, que déjà la berge s'est
couverte. Le trop plein des magasins et des cours
— quand la récolte a été abondante — s'y déverse ;
les piles de fûts divers s'entassent, s'exhaussent,
se pressent, en attendant que les clients viennent
les déloger.

En même temps, les lourds bateaux arrivent sans cesse, élevant à peine au-dessus de l'eau leur carcasse grossièrement chevillée : Vins de la Loire, du Cher, de la Basse-Bourgogne, du Mâconnais, etc., etc., venus dans la Seine, les uns par la Loire et le canal de Briare, les autres par la Marne, chargent ces lentes bagarres de leurs fûts de toutes formes.

Arrière maintenant les pêcheurs, les promeneurs, les oisifs !... la berge appartient aux *débardeurs*, aux dérouleurs, comme on dit éloquemment à Bercy.

Une bonne partie des vins débarqués des bateaux a été achetée au pays, par les marchands en gros ; une autre partie est envoyée aux commissionnaires qui, après vente, en adressent le montant aux expéditeurs, sous déduction des débours et frais. Mais il est des récoltes que les propriétaires sont venus vendre eux-mêmes, beaucoup dans la pensée que, de cette manière, ils gagneront leurs frais de voyage ; quelques-uns pour la distraction du voyage.

Il y a tant de choses à voir à Paris !...

Les petits bourgeois viennent s'approvisionner auprès de ces vignerons, et ceux-ci les accueillent avec plus de franchise et d'abandon, qu'ils n'accueillent les marchands de profession, par lesquels ils craignent d'être *surpris !* Rusés eux-mêmes, ils ont peur de la ruse. On les voit, toute la journée, offrant leurs vins aux passants, ou bien, assis sur leurs *feuillettes*, réfléchissant aux nombreuses vicissitudes de la vie humaine. Leurs traits sont anguleux, tannés par le soleil, le vent et les pluies ; ils se sentent étrangers à cette ville qui *bourdonne* tout près : on devine qu'ils s'ennuient et qu'ils ont hâte de vendre leur cuvée, pour s'en retourner au pays avec le *quibus* en poche.

Cette longue berge que m'a fait parcourir *Frédo*, ces fûts innombrables, ces *bons vignerons*, le fleuve roulant à pleins bords, Paris à deux pas, un soleil splendide, tout cela forme un tableau magnifique. Je regrette de ne pas être un élève de Daubigny, car je reproduirais sur la toile tout ce que j'ai vu, et je ferais hommage de mon tableau à la Mairie du XII\ arrondissement, pour perpétuer le souvenir du *vieux Bercy*.

# III

## LE QUAI DE BERCY

Après les berges, le quai !...

Dès que l'on a franchi l'ancienne barrière de la Rapée, on aperçoit, sur un quai manquant de largeur, camions, haquets et autres véhicules, circulant avec beaucoup de difficultés.

Si vous prenez le trottoir, pour éviter un encombrement de voitures, impossible de marcher sans coudoyer les piétons !...

Et puis, les trottoirs sont pavés à la diable !... Gare aux petits pieds mignons de ces dames !...

En vérité, je vous le dis, chers lecteurs, le quai de Bercy demande un remplaçant ?...

Il faut avoir été témoin de l'animation qui règne en semaine sur ce *joli quai* (?) pour pouvoir s'en faire une idée.

Dans la belle saison, vous voyez les habitués du *Rocher de Cancale* assis, dans un doux *farniente*, sous la tente dressée vis-à-vis de ce restaurant, la seule qui existe aujourd'hui, puisque les autres ont été emprisonnées par des grilles en bois.

*Ces messieurs du quai* devisent gaiement, en lançant vers le ciel l'odorante fumée de leur *Londrès* — le *Petit Bordeaux* n'est plus en vogue. — Il y a progrès !... si, dans ces réunions, la critique va bon train, je vous le laisse à penser : quand les affaires *ne vont pas*, ne faut-il pas *faire aller* autre chose !

C'est à qui déploiera le plus de verve, dépensera le plus *d'esprit !...*

Mais ils sont passés ces jours de fête, dont la bienfaisante nature, *alma parens*, nous gratifie chaque année dans son inépuisable munificence ; ils sont passés, et n'ont guère plus duré que ce que durent les roses. Voilà déjà le triste hiver qui nous vient rendre visite, avec son humide et glaçant cortége de brouillard, de vent, de pluie et de neige ; avec ses jours si courts, si froids. Que faire alors pour *tuer le temps*, quand le baromètre des affaires est au calme plat ?...

Eh ! parbleu ! un classique cent de dominos, un ou deux mille de bézigue, comme un bon bourgeois du marais ; une silencieuse et savante partie d'échecs ; ou bien mieux, si vous aimez la locomotion, cinquante carambolages, plus ou moins, avec l'ami Francis.

Heureux mortels !...

\* \*

Les numéros 1 et 2 du quai, avec retour sur le boulevard de Bercy, appartiennent à M. Reynaud.

Son père, qui fut pendant plusieurs années sous-préfet de l'arrondissement de Sceaux, a laissé, à Bercy, les meilleurs souvenirs. Les maisons de M. Reynaud sont cernées par une rue étroite, en contre-bas du pont de Bercy : il faut jouer *de l'escalier* pour aborder le rez-de-chaussée des maisons ou s'en éloigner.

La Ville, m'a-t-on dit, pour ne pas payer à leur juste valeur les propriétés Reynaud, a préféré les encaisser dans une ruelle où il est impossible à un commerçant de faire avantageusement ses affaires.

Demandez à Félix Porson s'il est heureux avec les agissements de la Ville !

Félix est une vieille connaissance. Ceux qui, il y a vingt-cinq ans, fréquentaient le *Rocher de Cancale*, n'ont pas oublié son ancien chef de cuisine. — J'ai eu le plaisir de dîner chez lui, en compagnie de Pajot, le savant professeur agrégé à la faculté de médecine ; c'est un de ses plus fidèles clients. Il est vrai que Félix a su conserver sa réputation d'excellent cuisinier.

Nous arrivons chez Granchamp, au restaurant des *Marronniers*.

Qui de nos lecteurs n'a connu les *Marronniers* dans toute leur splendeur ?

Déjà célèbre en 1789, ce restaurant n'avait, il y a trente ans, rien perdu de sa renommée. C'était, autrefois, le *Véry* et le *Véfour extra muros* des belles *fourchettes* parisiennes, qu'au printemps, dans l'été, au commencement de l'automne, y attiraient,

chaque matin, tout à la fois le haut goût de sa cuisine, l'incontestable supériorité de ses matelotes,
l'excellence de sa cave, et, plus encore peut-être,
l'attrayante perspective d'y déjeuner au grand air
et sous le frais couvert des énormes marronniers
qui l'ombrageaient. Mais ces arbres interceptaient
la voie publique, gênaient la circulation des voitures, et l'autorité municipale se trouva dans la
nécessité de les faire abattre.

Mon cousin et ami, Emile de la Bédollière, le
spirituel chroniqueur du *National*, a composé une
chanson sur les *Marronniers*. Voici le second couplet, qui ne manque pas de charme :

> Vive la maison qui se nomme
> Le restaurant des Marronniers;
> Où tout sérieux gastronome
> Accourt prodiguer ses deniers!
> Vive la cave et la cuisine!
> Faisons vibrer par un grand chant
> L'écho de la berge voisine,
> Pour rendre un hommage à Granchamp.

Allons! Granchamp passera à la postérité...

L'hôtel-restaurant des *Deux-Perdrix*, situé au
n° 10, mérite une *mention honorable;* son propriétaire, Zabus-Lecointre, gendre et successeur de
Lecointre, est un travailleur qui, avec l'aide de
sa femme, conduit très-bien sa barque.

Demandez à Zabus-Lecointre quelle est l'origine
de l'enseigne des *Deux-Perdrix*, il vous répondra :
« Je n'en sais rien!... »

Moi non plus !

J'aperçois au numéro 11 le café Morsaline. Bonne maison, me dit Frédo, fréquentée par les négociants de la rue de Bourgogne et par quelques courtiers ou représentants du quartier. Et le café Buffier, au n° 13 ?... Je m'y suis trouvé en présence des *gros bonnets* de la cour Duchaussoy et de la rue de Bordeaux. Les uns parlent fort; les autres discutent avec non moins de force : on boit, on fume, on joue au billard... J'ai assisté à une partie intéressante, gagnée par un courtier, ancien capitaine de la garde nationale de Bercy. Voici ce qu'il m'a raconté au sujet de cette noble institution : « Un jour, le général Lawœstine inspectait, au Champ-de-Mars, en grande revue, les divers bataillons de Paris et de la banlieue. Il passait à cheval devant les compagnies et voyait des figures blêmes, à peine colorées par la fatigue et la chaleur, pâlies dès longtemps dans les boutiques, les magasins et les ateliers sans soleil; mais il ne tarda pas à arriver devant des hommes tout autres. Ceux-là étaient grands, solides; quelques-uns maintenaient avec peine, dans leur ceinture de cuir blanc, leur ventre majestueux, qui tendait à s'en échapper; les visages de tous brillaient comme un verre de vin au soleil. Quelles trognes ! exclama le général en chef.

— C'est le bataillon de Bercy, lui dit le colonel Isnard.

Le général, sans en demander davantage, continua la Revue, souriant et saluant.

Et mon interlocuteur d'ajouter :

« Bercy s'est ressenti, Monsieur, des cruels événements de 1870-71 ; mais ses habitants se sont toujours montrés animés du plus pur, du plus sincère patriotisme. Le 52e bataillon (Bercy) s'est noblement conduit à Montretout, où il a laissé, hélas ! de nombreuses victimes. »

Vous le voyez, chers lecteurs, il ne faut pas toujours médire de la garde nationale, et celle de Bercy a bien mérité de la patrie.

*<br>* *

En quittant le café Buffier, nous nous rendons chez l'ami Alfred, en passant devant l'ancien café-restaurant du *Cercle*, au coin de la rue de Mâcon.

Tout en prenant un madère, offert par Alfred, — l'heure du dîner approchait — Frédo me dit : « Tu as sans doute entendu parler de Louis Veuillot ? » Oui, répondis-je, et si je ne partage pas ses sentiments politiques, je n'en rends pas moins hommage à son mérite et à son talent d'écrivain.

« Eh bien, mon cher ami, je vais te raconter ce que m'a appris un négociant de Bercy, Alfred Sabatier, l'auteur de BERCY, *son histoire, son commerce*. Il s'agit précisément de Veuillot et de sa famille.

Allons ! Je t'écoute.

« Au numéro 21, sur le quai, il y avait encore, dans les premières années du règne de Louis-Philippe, une petite gargote portant pour enseigne :

*Au Soleil-d'Or*. Sur le mur de cette boutique on voyait une *peinture* qui représentait un lapin pendu ; la maison était tenue par madame François Veuillot. Son mari, honnête ouvrier, travaillait de son état de tonnelier.

Les époux Veuillot avaient quatre enfants : deux garçons et deux filles : Louis, Eugène, Annette et Élisa.

Louis et Eugène allaient à l'école mutuelle, chez le père de Nesles, à la *Grand'Pinte*, maison occupée depuis par l'école des frères du quartier de Bercy.

Annette et Elisa allaient en classe chez mademoiselle Barthod, qui dirigeait, en ce temps-là, un petit externat dans la rue de Bercy.

Louis Veuillot est né en 1813 à Boynes (Loiret), et non pas à Bercy, comme on l'a dit par erreur.

En 1827, à l'âge de quatorze ans, il entra dans une étude d'avoué, où il passa quelques années.

Le patron de Veuillot était un monsieur Delavigne, frère de Casimir Delavigne. Ce poète, à qui l'on a depuis contesté le droit d'être placé au premier rang, jouissait alors d'une grande réputation ; la question était simplement de savoir lequel il rappelait le mieux, de Racine ou de Corneille. En le voyant, les clercs de son frère croyaient voir la gloire en personne. Aussi l'amour des lettres et des arts était-il la plaie de cette étude.

Tout le monde y poursuivait la rime.

Une intelligence aussi naturellement littéraire

que celle de Louis Veuillot, se trouvait là dans un milieu favorable à son développement.

Du reste, Louis Veuillot ne s'occupait pas seulement à lire tout ce qui lui tombait sous la main. Il travaillait. Bien qu'il fût le plus jeune soldat de cette troupe, on l'écoutait ; il paraît qu'il faisait autorité sous le rapport grammatical. Il lui en reste quelque chose : le rédacteur en chef de l'*Univers* est très-prompt, en effet, à reprocher à ses adversaires « leur petit français. »

Veuillot quitta M. Delavigne en **1832** pour aller rédiger l'*Écho de Rouen*, comme rédacteur en second.

L'année suivante, il devint rédacteur en chef du *Mémorial de la Dordogne*, à Périgueux. Rentré à Paris, en **1837**, il rédigea successivement plusieurs feuilles et finit par entrer à l'*Univers* en **1843**. Journaliste *éreinteur*, il est le porte-drapeau, le coryphée de l'ultramontanisme en France. Quant à Eugène Veuillot, c'est lui faire, comme écrivain, la part assez belle encore que de dire, pour me servir d'une expression de Victor Hugo, qu'il n'est que la *lune* de son frère.

La mère de Veuillot est décédée à Bercy ; elle s'était remariée à un brave tonnelier, Pradier, qui lui a survécu de quelques années, et à l'enterrement duquel j'ai reconnu Louis et Eugène Veuillot.

Je m'arrête, mon cher Maxime, parce que l'heure s'avance.

Allons dîner chez Philippe ! Demain, après déjeuner, nous passerons en revue la seconde partie du quai.

— Je le veux bien, mais reçois tout d'abord mes remerciements, car ton récit m'a beaucoup intéressé.

*<sub></sub>*

De la rue de Mâcon à la rue Gallois, nous comptons quatorze numéros.

Le numéro 25 est occupé par les bureaux de l'inspecteur de la navigation et aussi par ceux de MM. Bellet père et fils et Gabriel, négociants des plus honorables.

Cette maison était habitée, autrefois, par M. Chambard, qui mourut en laissant une belle fortune à sa fille unique. M. Libert fils aîné, ancien patron de M. Chambard, a demeuré pendant plusieurs années au numéro 26, charmante petite villa, au dire de Frédo, quand elle n'est pas inondée. M. Libert, décédé, en 1875, à l'âge de 89 ans, était propriétaire des numéros 25, 26, 27 et 28, immeubles d'un joli revenu et dotés, à chaque rez-de-chaussée, de la fine fleur des courtiers.

M. Libert a rempli les fonctions de maire de Bercy, depuis le 28 août 1832, jusqu'au 12 juin 1857. Un long bail, n'est-ce pas?

Ancien négociant, ancien membre du conseil général de la Seine, chevalier de la Légion d'honneur, M. Libert s'est voué corps et âme, il faut lui rendre cette justice, à ses fonctions municipales.

Il ne s'est arrêté qu'au moment où la charge devenait trop lourde pour lui ; et puis il avait hâte de ne pas rester plus longtemps en butte aux injustices des uns et des autres : c'est, le plus souvent, la seule récompense qu'obtiennent ceux qui se dévouent pour leurs semblables...

En continuant ma promenade, j'aperçois les entrepôts Dessort (ancienne propriété Renet), Valentin et Cⁱᵉ (ancienne propriété Félix Gallois, ayant eu pour locataires MM. L. de Montullé, Chesneau et Ligneau et Sabatier).

Ces entrepôts sont magnifiques ; ils ont été construits sur des terrains dépendant du *Petit-Château*, et leurs superbes *platanes*, *tilleuls* et *marronniers*, mettent, en été, les magasins à l'abri du soleil ; ce qui entretient une fraîcheur très-favorable à la conservation des liquides.

Halte-là !... voici, au n° 34, le *Sapeur*. Entrons et prenons un petit rafraîchissement. J'ai bien connu, me dit Frédo, l'ancien propriétaire de ce café-restaurant, en 1835 : c'était le *père Gier*, *sapeur* sous l'Empire, et restaurateur sous Louis-Philippe !

Boignard succéda au *vieux sapeur* et conserva l'enseigne qui existe encore. — Après Boignard, Ichac, son gendre, et, aujourd'hui, Léon Delarue, un chef de cuisine par excellence et un pêcheur... à la ligne... des plus heureux, lorsqu'il ne revient pas bredouille !

N'oublions pas l'*Hôtel de Bercy*, tenu par Garri-

goux : bon gîte et bonne chère. C'est suffisant
pour contenter la clientèle et faire son petit bon-
homme de chemin, en attendant l'expropriation
tant désirée.

Je ne m'arrêterai pas à la rue Gallois, que nous
retrouverons, chers lecteurs, un peu plus loin, et
je continuerai ma route en compagnie de l'ami
Frédo. Entre la rue Gallois, me dit-il, et la rue
Nicolaï, — la dernière du quai, — il y a les rues
Soulages, de l'Yonne et d'Orléans, qui n'offrent
rien de remarquable aux promeneurs; mais nous
avons des entrepôts occupant chacun une grande
superficie : *Petit-Château; Abel-Laurent; Crépier;
Cabanis* et *Enclos des Mâconnais*. — La Ville en
est propriétaire, les loue *à l'année* et se fait payer
*six mois d'avance*... Toujours des gentillesses!...

Le haut du quai n'est pas aussi animé que le bas;
cependant on y compte des maisons d'une certaine
importance : MM. *Curlier frères* (ancienne maison
Courvoisier et Cᵉ), négociants en eaux-de-vie;
*Chamonard* et *Caucurte; Louis Proust* et *Ducruix*...
*Jarlauld* (neveu et successeur du bien regretté
M. Ligeron); *Mathieu et Cᵉ* (ancienne maison
*Pardon, Delaleu,* et *Chervet*), négociants commis-
sionnaires en vins et spiritueux.

Deux cafés, celui de la *Terrasse,* au n° 48, et
celui de *Saône-et-Loire,* au n° 50, ont pour clientèle les négociants de l'entrepôt *Abel-Laurent* et
des *cours Crépier* et *Baudoin.*

Le café de la *Terrasse* a été tenu, il y a une

quinzaine d'années, par Julien, décédé pendant le siége de Paris. Cet établissement, avec jardins et bosquets, avait été adopté comme lieu de halte et de station par les canotiers parisiens.

Le mercredi soir, en été, leurs légères barques, naviguant sous voiles, ou traçant, sous l'impulsion cadencée de la rame, leur sinueux sillon sur les eaux tranquilles de la Seine, présentaient le plus charmant coup d'œil.

Du *canot-concert*, que montaient des musiciens amateurs, sous la direction de Tilliard, un artiste distingué, s'élevaient tour à tour vers le ciel de folles chansons, de mélodieux, d'harmonieux accords, dont le charme infini dans le silence du soir était encore doublé par l'éloignement. Mais tout passe, mon cher Maxime, et les canotiers de la Seine ont abandonné Bercy depuis quelques années. Ils se rendent maintenant au quai de la Rapée, chez Richard, hôtel de la *Haute-Marne*. où l'on aborde plus facilement qu'aux berges de Bercy, fermées le soir par l'octroi.

L'entrepôt Cabanis, auquel nous nous arrêtons, est situé au n° 58; c'est l'un des plus jolis entrepôts du quai.

Frédo me fait l'honneur de me présenter à M. Alfred Allain, maire du XIIᵉ arrondissement, l'un des négociants de l'endroit, et son accueil est des plus aimables.

Nous sommes reçus aussi par M. François Fouilloux, courtier en vins, qui, né dans l'entrepôt Cabanis, en connaît les détours. Il veut bien nous servir de *cicerone*, ce que nous acceptons avec plaisir, car Frédo n'a jamais fréquenté cet entrepôt, dont M. François Fouilloux père fut, pendant vingt-quatre ans, le gérant, ce qui ne l'empêcha pas de faire le courtage et de laisser à son fils une très-bonne clientèle. Nous passons devant les magasins de MM. Alfred Allain, Boullay; Balmont et Rata; Bellicard père; Nicolas (ancienne maison Buhner); Poitrasson-Chavarot et Poitrasson-Lionnet.

Notre aimable *cicerone* nous fournit des renseignements sur l'entrepôt qui l'a vu naître.

« C'est M. Cabanis, nous dit-il, ancien négociant en vins, qui, en 1821, après avoir acheté tous les terrains que nous explorons, a fait construire les superbes magasins qui renferment tant de richesses vinicoles. — L'entrepôt fut acheté en 1827. Après la mort de M. Cabanis, sa veuve s'est remariée à M. de Courtois, chef d'escadron au 6e hussards.

« Madame de Courtois n'existe plus depuis longtemps et le fils Cabanis, qui fut attaché d'ambassade en Allemagne, en Grèce, en Italie et en Russie, est décédé, il y a quelques années, à Marseille. M. de Courtois, beau-père du fils Cabanis, vendit *l'entrepôt Cabanis* à Sa Majesté la bonne ville de Paris. »

« Que je vous parle, Messieurs, ajouta l'ami Fouilloux, d'un ancien locataire de cet entrepôt, de feu M. Norgelet, qui occupait le magasin nº 90.

« Ce brave négociant était propriétaire d'un énorme nez, qui ressemblait à une pomme de reinette, recouverte de petits boutons rouges, violets, roses : un nez multicolore; — avec un tel ornement au milieu du visage, on est l'objet de la curiosité publique, et le papa Norgelet était le premier à rire, lorsque les passants admiraient son *facies*.

« En 1859, pendant une nuit d'hiver, un incendie eut lieu dans la rue de l'Yonne : un hangar, rempli de foin, adossé au mur de clôture du magasin Norgelet, était en flammes. Vite, on courut au domicile de ce dernier; il ronflait comme un bienheureux; mais il fallait le réveiller.

« — Que me voulez-vous, les enfants?

« — Papa Norgelet, il y a le feu derrière votre magasin, rue de l'*Yonne;* nous venons vous chercher...

« — Mon neveu Jeannin est-il là?

« — Oui...

« — Eh bien, il n'y a pas de danger.

« Et le papa Norgelet de se rendormir.

« Le brave homme n'est pas mort d'*émotion?*... »

En prenant congé de M. François Fouilloux, Frédo lui rappelle la petite excursion qu'ils firent ensemble à Meaux, en 1855, à l'occasion d'un concours d'orphéons. Les jeunes gens de Bercy suivaient alors le cours de M. Emile Chevé, de bien regrettée mémoire. Puis, ils eurent pour profes-

seur M. Collet, qui continue à faire d'excellents
élèves.

En sortant du théâtre de Meaux, où les orphéo-
nistes de Bercy venaient d'être chaleureusement
applaudis, François Fouilloux se mit à chanter,
*coram populo*, sa chanson favorite :

« T'en souviens-tu, Jeannette, du temps passé? »

Il y eut un enthousiasme tel, que l'ami François
fut porté en triomphe.

Heureux temps qui ne reviendra pas, mon cher
Fouilloux; mais dont le souvenir nous rappelle
l'âge d'or.

*L'enclos des Mâconnais*, qui précède de quelques
maisons la rue Nicolaï, a pour vis-à-vis, sur la
berge, un rideau de grands arbres plantés en **1844**.

Un ancien négociant-commissionnaire en vins,
M. L. de Montullé, fut le gérant de cet entrepôt, et,
après lui, M. Canal. Aujourd'hui, MM. Mathieu et Cᵉ
en occupent la plus grande partie. M. L. de Montullé a quitté Bercy après la Révolution de **1848**.
Il remplissait les fonctions de capitaine rapporteur
dans la garde nationale ; et, dès le commencement
du règne de Louis-Philippe, la croix de la Légion
d'honneur avait été le prix du zèle *intrépide* et de
la *martiale* éloquence déployés par lui dans ses
*périlleuses* fonctions.

Ceux des habitants de Bercy qui ont de la mémoire, me dit Frédo, n'ont pas oublié de quelle

originale et bruyante façon fut fêtée dans la commune la nomination du nouveau légionnaire.

*<br>* *

Encore un peu de patience, mon cher Maxime, et nous en aurons fini avec le quai. — Tu vois ce café-restaurant, au coin de la rue Nicolaï? Il a été tenu par Charlet, qui a eu, lui aussi, ses jours de gloire. Lorsque les Mâconnais amenaient leurs vins en bateaux, et qu'ils les consignaient dans la maison Pardon, le restaurant Charlet ne désemplissait pas; c'était au bon vieux temps de la batellerie.

— Quel est ce gros bâtiment que j'aperçois à droite?

— C'est le *Pâté-Paris* (ancien entrepôt Pardon).

— Comment dis-tu?... Pâté...

— Oui, et voici pourquoi :

« En 1706, M. Paris de Montmartel se rendit acquéreur de tous les terrains environnants; puis, cet opulent fermier général, — le d'Aligre de son temps, — fit élever cette énorme construction qui ressemble, en effet, à un pâté. De là le nom de *Pâté-Paris*.

Pénétrons dans la rue Nicolaï. — Le numéro 4, désigné sous le nom de *Cour Pajol*, faisait partie de l'entrepôt Pardon.

« En 1793, le *Pâté-Paris* fut occupé par une tannerie et l'on éleva, sur la superbe terrasse qui dominait le bâtiment, cette vilaine toiture, au-dessous de laquelle on établit des séchoirs. Plus tard, la tannerie fut abandonnée et M. Tricot, ancien adjoint au maire de Bercy, loua cette propriété pour y exercer le commerce des vins et spiritueux. Après M. Tricot, M. Delavacquerie, jusqu'à l'année 1820.

A partir de cette époque, M. Jean Pardon, arrivant du Maconnais, son pays, devint locataire du *Pâté-Paris* et se mit à faire la commission :

MM. Delaleu, Chervet et Mathieu, après avoir été ses employés, puis ses associés, lui succédèrent.

MM. Delaleu et Chervet sont retirés des affaires depuis longtemps. M. Mathieu, plus jeune que ses anciens associés, n'a pas cru devoir les imiter, et il occupe aujourd'hui l'un des premiers rangs sur la place de Bercy.

Cet honorable négociant remplit les fonctions d'adjoint au maire du XIIe arrondissement. »

Revenons sur nos pas et arrêtons-nous devant cette porte cochère ; elle ferme une cour ombragée par un grand noyer. Deux magasins étroits et profonds débouchent sur cette cour. A gauche, tout à l'intérieur, a été bâti une sorte de pavillon dont les murs, jadis blanchis à la chaux, s'éraillent. Dans cette maison, dans cette cour, dans ces magasins perdus, à l'ombre de ce noyer, j'ai connu un vieillard, à la figure sèche, aux yeux bleus, abritant sous d'épais sourcils un regard intelligent, ferme et bon tout à la fois. — Une honnêteté absolue, des idées simples, anciennes comme la terre natale, une grande puissance d'affection, de dévouement et de souvenirs.

Ce solitaire était un vigneron de Lamartine; il se nommait Michelon.

Quand il parlait de Lamartine, *le grand oublié*, sa voix s'attendrissait; tout en s'élevant, ses yeux se mouillaient de larmes...

« Il y avait à Montceau, me dit un jour ce brave Michelon, une femme jeune encore, mère de plusieurs enfants; le mari mourut subitement. Quelques jours après l'enterrement, l'intendant de Lamartine fit comprendre à cette femme qu'on ne pourrait pas la garder, puisqu'elle n'avait plus d'homme qui cultivât la terre et payât la redevance du propriétaire foncier.

« La pauvre veuve pria et supplia en vain le *maître*, comme disaient les paysans, en parlant de l'intendant. Elle se souvint que Lamartine était en ce moment à Montceau, et elle s'en alla au château.

« Le poète se promenait dans le jardin.

— Qu'as tu, Marie? dit-il, en apercevant la veuve qui pleurait.

— Notre *messieur*, notre maître me renvoie,
Et elle raconta son malheur.

— Il n'y a pas d'autre maître ici que moi, Marie, sache-le bien; va chercher R... et reviens avec lui.

L'intendant arriva.

— Qui t'a permis de renvoyer Marie? dit Lamartine ; n'est-ce donc pas assez pour cette femme d'avoir perdu son mari, et faut-il que tu lui prennes encore sa maison ?

Une explication eut lieu. Quand elle fut terminée, notre grand poète se tourna vers Marie et lui dit :

« Retourne à la maison, tu ne seras plus inquiétée. »

« Et toi, R..., tu prendras à la journée un garçon honnête ; il labourera la terre, soignera les vignes. — C'est moi qui le paierai. »

Tel est l'homme, mon cher Maxime, qui devait plus tard essuyer tant de revers, être en butte aux injustices des uns et des autres, mais dont le génie nous apparaîtra toujours comme un flambeau divin !...

Six heures ! — L'octroi ferme les entrepôts. D'ailleurs, nous n'avons plus rien à visiter sur le quai. Demain, mon cher Maxime, nous *passerons en revue* la rue de Bercy.

Si nous allions dîner ?...

Où ? au *Rocher*, parbleu !

N'avons-nous pas été bien traités hier ?

A merveille !

Eh bien, viens, et si tu n'es pas fatigué, *post prandium*, je t'emmènerai aux *Français*, voir jouer l'*Étrangère*.

# IV

Depuis l'établissement du chemin de fer de Lyon, la rue de Bercy a bien changé de physionomie, mon cher Maxime.

Ainsi, à partir de l'ancienne barrière jusqu'à la rue Nicolaï, le côté gauche était bordé, dans tout son parcours, d'une rangée de maisons de plus ou moins belle apparence, occupées soit par des négociants en vins (entrepôts Ducruix et François Hugot), soit par des boutiquiers commerçants.

— Entre les rues de Charenton et de Bercy, s'étendaient, à la même époque, des jardins exploités par des maraîchers ; mais, jardins et maisons, le chemin de fer a presque tout envahi, sur une superficie qu'on peut évaluer à 120,000 mètres.

La rue de Bercy n'a jamais brillé par sa propreté ; et la raison en est très-simple : les nombreux voiturages du commerce des vins, et du camionnage des marchandises, amenées du chemin de fer de

3

Lyon dans Bercy, ont rendu très-difficile l'entretien
de cette voie, où les bottines vernies de nos élé-
gants et de nos élégantes ne pouvaient impuné-
ment s'aventurer que lorsqu'il gelait, comme on
dit vulgairement, à pierre fendre, ou qu'un clair
soleil rayonnait au ciel.

Un des bâtiments de l'ancienne barrière a été
réservé pour la justice de paix du XII° arrondissement, en attendant son installation dans la mairie
en construction rue de Charenton et avenue Daumesnil.

Le numéro **109** mérite d'être visité. Entrons. —
Voici une cour spacieuse, à gauche de laquelle
s'élève une maison dont quelques parties, et
notamment les croisées, encadrées de briques,
nous rappellent un temps bien éloigné de nous.

Cette maison appartenait à Le Prévôt de Beaumont, le courageux adversaire du *Pacte de Famine*,
dont M. Elie Berthet, dans le journal *le Siècle*,
MM. Paul Foucher et Elie Berthet, sur la scène de
la Porte-Saint-Martin, nous ont dessiné avec un
rare bonheur d'exécution, il y a plus de vingt-
cinq ans, l'intéressante et dramatique figure.

Avançons de quelques pas, et, au numéro **93**,
nous apercevons un entrepôt, sur l'emplacement
duquel se trouvait, il y a plusieurs années, un
bâtiment d'un seul étage et du plus misérable
aspect, percé, sur la rue, de douze croisées bor-
gnes et d'une porte cochère tombant en ruines.

Cette porte donnait entrée dans une vaste cour,

au fond de laquelle on voyait une masure à deux étages.

Cette cour n'a longtemps été connue que sous le nom de *Cour des crimes*. Pourquoi? — S'y était-il donc passé quelque tragique aventure? Non, mais elle avait pour locataires de pauvres diables, de mine si hétéroclite sous leurs fangeuses guenilles, que tu l'eusses prise, mon chér ami, pour le redoutable repaire d'une bande de *rôdeurs de barrière*, ou tout au moins pour une succursale de cette étrange *Cour des Miracles*, dont Victor Hugo, dans son immortelle *Notre-Dame de Paris*, nous a tracé une si vive et si admirable peinture.

— Cette propriété, maison et cour, faisait partie des terrains que la *Société civile* (succession du baron Louis, ancien ministre des finances sous les rois Louis XVIII et Louis-Philippe) a vendu il y a une douzaine d'années à la Ville.

On a construit, en attendant mieux, les magasins que nous apercevons.

*\* \**

Au nombre des terrains que pour les nécessités de son service, a, de son droit de suzeraineté légale, revendiqués et que s'est incorporés l'administration du chemin de fer de Lyon, se trouve feu la rue de la *Planchette*, dont l'ombre protesterait, si nous ne la saluions pas, chemin faisant, d'un mot de souvenir.

Cette rue prenait naissance à l'ancien **numéro 38**

et avait son embouchure à la barrière de Charenton.

Les maisons y étaient infiniment plus rares que les jardins, et, dans ces jardins, Vertumne et Pomone (mythologiquement parlant) comptaient beaucoup plus d'autels que Flore; car, en gens positifs et sachant le prix de l'argent, les Corydons et les Amaryllis en sabots qui les cultivaient, allaient, chaque matin, prosaïquement en vendre, sous forme de fruits ou de légumes, selon la saison, les nourrissants produits, sur le carreau des halles.

Avant de partir pour Versailles, — où nous fîmes connaissance, mon cher Maxime, — je suivais l'école du père Gervoise, et il m'arrivait..... quelquefois... de faire l'école buissonnière, en compagnie de bons sujets de mon espèce et nous allions rendre visite à la rue de la *Planchette;* elle était bordée de haies qui nous fournissaient *à bon compte* du sureau pour faire des canonnières..... bien inoffensives !... Un jour, le père Bizet, le roi des maraîchers, se fâcha, parce que nous *examinions* de trop près ses superbes sureaux; aussi nous fit-il une poursuite telle que nous perdîmes l'habitude d'aller *buissonner* de ce côté.

*Souvenirs du jeune âge...*

Tu connais l'air ?...

Oui, mon cher Frédo; mais si nous activions? — Ta rue de Bercy est bien longue et nous n'en finirons jamais !

Tu as raison. Allons, en marche !...

Et nous passâmes devant les rues de Mâcon, Léopold et Gallois, avenue du Petit-Château et entrepôt Durnerin.

La place de l'Église débouche sur la rue de Bercy, en face des anciennes propriétés Durnerin ; à cette place, que rien ne recommande à l'attention, attiennent les écoles communales et la salle d'asile, qui n'ont rien non plus de remarquable. Sur le grand terrain, entouré de planches, qui précède les écoles, se trouvait l'ancienne Mairie de Bercy, devenue celle du XIIe arrondissement lors de l'annexion (1er janvier 1860).

La construction de cette maison et des écoles fut commencée en 1844 et terminée au mois de juillet 1845. M. le comte de Rambuteau, préfet de la Seine, posa la première pierre de la mairie ; — elle fut incendiée en même temps que l'église, — reconstruite depuis, — au mois de mai 1871, par les bandits de la Commune, et on dut en installer une à la hâte au nº 45 de la rue de Bercy, où nous apercevons ce drapeau en lambeaux (question d'économie). On est en train de construire une mairie monumentale au centre de l'arrondissement, rue de Charenton, au coin de l'avenue Daumesnil, et il est probable qu'elle sera achevée au printemps prochain, à la grande satisfaction de M. le *mâre* et de... ses administrés.

La construction de l'église remonte à l'année
1823. La première pierre fut posée, le 8 juin de
cette année, par M. le comte Chabrol de Volvic,
préfet du département de la Seine, après avoir été
bénite par Monseigneur Hyacinthe-Louis, comte
de Quélen, archevêque de Paris, pair de France ;
MM. le comte Nicolaï étant maire ; Tricot, adjoint ;
Demouchy, curé ; Cabanis, Cléris, Duflocq, Gallois, Garby, Husson, Richard, conseillers municipaux.

Avant cette époque, on disait la messe à la chapelle du Grand-Château de Bercy ; ensuite, et jusqu'à l'achèvement de l'église (1827), on la célé-
bra à une petite chapelle contiguë à l'ancienne
fabrique de cristaux de M. Paris.

Cette fabrique a été démolie, et l'on a construit
à sa place, mon cher Maxime, les magasins de vins
que tu aperçois là-bas...

La rue de Bercy aboutit à l'impasse Montmartel.
De l'autre côté, c'est le chemin de fer de Lyon qui
a tout envahi !

— Alors, mon cher Frédo, nous n'avons plus
rien à voir par ici ?

— Comme tu le dis !

— Eh bien, retournons à Paris, car je suis attendu rue La Fayette, où l'on me reproche toujours
d'arriver trop tard.

— Quand nous reverrons-nous ?

— Jeudi prochain, si tu peux disposer de la
journée ?

— Parfaitement !

— Donc, mon cher Maxime, à jeudi. Nous ferons une tournée dans quelques entrepôts, cours, rues et magasins, qu'il ne nous a pas encore été possible de visiter, et je te parlerai *semelles* et *coups de feu*.

# V

RUES, COURS, ENCLOS ET MAGASINS

Bercy, et c'est surtout ce qui lui donne une physionomie à part, est, dans toute sa longueur,
comme tu as pu le remarquer, mon cher Maxime,
coupé par des voies parallèles et peu espacées,
allant de la rue qui longe la gare de Lyon au port.
Quelques-unes, en petit nombre, sont entièrement
publiques, livrées à la circulation de tous et à toute
heure ; les autres ferment leurs portes et leurs
grilles de fer, gardées par *Messieurs de l'octroi*.
Elles se désignent par trois noms qui, à Bercy,
sont à peu près synonymes : *rues, enclos, cours*.

Le mot *cour* est l'appellation générale. On dit
de quelqu'un : Il est dans les cours. Leurs noms
rappellent les grands vignobles de France, leurs
propriétaires anciens ou nouveaux ; les arbres qui
les plantent, les pays de naissance de la plupart
des hommes qui les fréquentent : rues de Bourgogne, de Bordeaux, de Beaune, de Champagne,
de Mâcon ; cours Libert, des Platanes, Beaujo-

lais, etc., etc. Cela dit, pénétrons dans l'une d'elles
et faisons une inspection générale.

La voie est pavée. A droite et à gauche, elle se
déprime, pour former ruisseau et d'autres passages
aux eaux de pluies et à celles qui ont été employées
au rinçage des futailles.

Des arbres, des marronniers séculaires, comme
dans la rue de Bordeaux ; des peupliers, comme
dans la rue de Mâcon ; des platanes, comme dans
l'entrepôt Boutet-Delisle (Dessort), s'élèvent aux
deux côtés de la cour, la couvrant de son ombre,
elle et les magasins qui la bordent.

Les arbres étendent leurs bras sur ces magasins
à toits bas, à deux pans très-larges de tuiles ; puis
ils montent, émondés à une grande hauteur du
côté de la voie ; mais, au-dessus, leurs têtes se
marient et donnent à la cour, dans la belle saison,
l'aspect d'une charmille immense, d'une allée couverte comme on en rencontre peu dans des parcs
historiques. Sous ces ombrages, qui protégent les
travailleurs contre le chaud, la pluie, le vent, re-
présentez-vous, chers lecteurs, un mouvement perpétuel de voitures, deux lignes de berceaux, une
pompe de place en place, d'innombrables fûts
pleins ou vides, de toutes contenances, dispersés
çà et là ou empilés contre les troncs des arbres,
six par six, trois pièces en fond sur terre, puis
deux, puis une, formant un groupe que l'on
nomme d'un joli nom : *un bouquet*.

Tandis que d'énormes chats dorment de toutes

parts sur les toits, les travailleurs sont à l'œuvre, avec la blouse bleue et courte, la cotte, le grand tablier de forte toile brune ou de cuir.

Les voilà qui remplissent et préparent les barriques que les voituriers vont charger et emporter, qui rincent les futailles en faisant rouler dans le *ventre* des douves une chaîne de fer, qui y introduisent la mèche de soufre allumée devant leur ôter leur mauvais goût, qui collent les vins afin de les clarifier.

On entend le maillet des tonneliers, réparant plutôt que faisant à neuf, car presque toutes les futailles viennent des pays de production.

Comme sur la berge, les négociants et les courtiers sont occupés à faire goûter les vins aux clients ; laissons-les faire, et, quittant cette foule et ce tapage, entrons dans les magasins.

\*\*\*

D'étroites claires-voies, ménagées çà et là en petit nombre et haut percées, jettent un jour faible et terne dans les couloirs, c'est-à-dire dans l'espace forcément laissé vide entre les rangs des pièces.

D'énormes poutres vont d'un mur à l'autre ; le long de ces murs, des larves se forment et demeurent attachées, l'humidité suinte entre les pierres, des mousses gluantes, informes, poussent dans l'ombre. L'araignée tend ses toiles dans les coins, sous le toit, partout où pénètre un peu de lumière. Ne vous effrayez pas, chers lecteurs, de cette description très-réelle ; au dire de **Frédo**, les magasins les plus sombres et les plus frais sont les meilleurs.

— Les fûts sont placés sur des chantiers de bois de chêne posant eux-mêmes sur des barres trans-versales dites pittoresquement *semelles;* autrement l'humidité pourrirait les cercles et les douves des fûts, ce qui multiplierait les *coups de feu!*

Au premier coup d'œil jeté sur ces fûts *gerbés* en rangs égaux, on connaît leur provenance, car ils ont chacun la jauge des pays où ils furent fa-briqués ou remplis. Voici la pièce *Bordeaux* de **225** litres, bien faite et solide entre toutes, avec ses deux barres transversales, plates et larges, une seule parfois, ses dix-huit chevilles soutenant les barres; la *Marseille*, qui imite la précédente, mais dure moins et ne contient que **220** litres.

*La Mâcon*, bien établie, sans barre, renfermant ses **214** litres ; la futaille *Cher*, de **250** litres, mal assise avec sa barre mince; sa *commande*, dolée à coups de hache, ses douves mal jointes, dont on a bouché les interstices avec des roseaux de la Loire ; les fûts de l'*Orléanais*, qui rappellent le *Cher*, mais ne contiennent que **230** à **236** litres. Voici encore la feuillette des vins blancs de *Châblis*, **136** litres ; le *quart Mâcon,* de **107** litres ; le *quart Bordeaux,* de **114** litres ; le *Beaune*, de **225** litres, et les jauges du Midi : les *Tavel*, les *Montagne*, dans des fûts de **350** litres, que l'on nomme *tambours;* les *Narbonne* et les *Roussillon*, dans des demi-muids de **550** litres ou des *pipes* (?) de **620** à **650** litres, etc. Combien n'en citerait-on pas encore, depuis le baril de 12 litres, dans lequel on expédie du cognac à nos bons bourgeois, jusqu'au foudre qui contient deux cents pièces.

Tous ces vins sont là, attendant l'acheteur. Frédo m'apprend que les droits d'entrée dans Paris sont de 23,875 millièmes par hectolitre, jusqu'à 15 degrés, *Suresnes* ou *Chambertin!!!*

C'est énorme, et je plains les Parisiens, surtout les classes laborieuses, de payer si cher ce qui, le plus souvent, n'est pas bon !

Dans une cave de magasin, j'aperçois une auge énorme, en bois, longue de cinq à six mètres, large de trois à quatre, haute de deux, munie dans tout son pourtour de gros robinets de cuivre portant à leur col un entonnoir. *Quid?*

C'est la cuve, mon cher Maxime!... c'est la chaudière magique où l'on *opère* à toute heure, *au grand jour*, des miracles qui n'ont rien de commun avec les *Noces de Cana*.

De grâce, cependant, n'allez pas croire, amis lecteurs, que tous les vins de Bercy doivent passer par la cuve!... Ce serait dommage assurément. Non : outre les maisons, peu nombreuses, il est vrai, qui ne vendent que les *grands vins*, il n'est pas de maison qui se respecte où ne se trouve un cellier bien clos, bien seul, où peu de personnes entrent : c'est le *caveau*. — Dans ce *buen retiro* reposent, au milieu d'une ombre épaisse, — car les murs n'ont même pas de claires-voies,

quelques pièces qui, lorsque la lumière du *gaz-suif*
tombe sur elles, apparaissent tranquilles, mous-
sues, graves, joyeuses... *en dedans*... Les espèces
les plus recherchées sont en elles ; si le foret les
saigne, il en jaillit une liqueur de pourpre et d'or.
Elles se renouvellent rarement, ces précieuses
marchandises; c'est à peine si, de temps à autre,
à de longs intervalles, on vient en marquer une
barrique pour un riche gourmet ou un restaurateur
de renom.

Elles vieillissent sans que l'on y touche, à part
les époques du *soutirage*, où on les débarrasse de
leur lie, et où les employés et les amis de la maison
en boivent bien aussi quelques tasses, à part encore
les moments où elles appellent des soins, car les
saisons agissent sur elles comme sur la vigne, les
pampres et les raisins du coteau, tant il est vrai,
mon cher Maxime, que tout vit dans la nature, que
la mort n'est que relative, qu'un changement et
qu'un nom.

Et puis... la suite à demain.

# VI

## ASPECTS DIVERS DE BERCY

Bercy, et c'est là une de ses singularités, ne s'offre pas en spectacle à tout venant ; comme les théâtres, il a ses relâches, ses sommeils, ses longues heures de solitude et de silence absolu ; ainsi que j'ai été à même de le constater, chers lecteurs, mes promenades ne m'ont pas toujours procuré l'agrément que j'en attendais. Frédo me dédommageait en me racontant quelques petites histoires de son invention. — Il ne manque pas d'entrain, ce cher ami !

Et parfois, d'un air d'abandon, il vous crie : *Es-tu gai? ris donc.*

Si je *calembourine* quelquefois, m'est avis qu'il me rendrait des points à ce jeu-là ?

Enfin, je n'ai pas à regretter l'emploi de cette journée : nous avons fait une charmante promenade et mes notes ont été fidèlement prises.

Vers six heures du matin, les cours commencent
à se peupler; les premiers garçons arrivent, puis
les hommes d'équipe; on met ses vêtements de travail; on flâne, on va de maison en maison; on
boit un verre de vin blanc par-ci par-là; on vide
un *pichet* ou deux de vin rouge (c'est le patron qui
paye) en *cassant la croûte;* vers sept heures, tout
le monde est à la besogne.

Pendant ce temps-là, le quai, longtemps silencieux, s'anime peu à peu.

Les *haquets* arrivent en cahotant, s'alignent,
prennent, pour ainsi dire, leur poste de combat;
les voituriers ouvrent leurs bureaux en plein vent,
les commis des diverses maisons apparaissent, en
compagnie de courtiers ou de négociants amoureux
de la matinée.

Ce n'est que vers dix heures que les affaires
s'entament, que le brouhaha de voitures et d'hommes commence, que Bercy, en un mot, vit de l'activité fiévreuse qui le distingue et le caractérise si
bien.

La rumeur va s'augmentant jusque vers trois
heures de l'après-midi, puis elle diminue sensible-
ment, et, à cinq heures, tout est rentré dans le
calme.

Les cours sont fermées; le soleil disparaît, la
lune se lève, laisse tomber sa lumière *blafarde* sur
les magasins. Les ouvriers sont rentrés chez eux;
ils dorment paisiblement... tandis que, dans les
magasins, il y a des êtres qui veillent.

N'êtes-vous pas réveillés quelquefois, habitants de Bercy, par des miaulements désespérés, des cris sourds?... Ce sont les chats et les rats qui sont en guerre. Les rats pullulent; les égouts de la Seine les amènent; ils trouvent dans les magasins leur pâture. Tout leur est bon, mais ils *adorent* la chandelle, ces vilains cosaques, et il faut prendre les précautions les plus minutieuses, s'ingénier à découvrir mille cachettes, pour ravir à leur atteinte ces chandelles tant désirées, qui servent à l'éclairage des magasins, pendant les heures de travail.

Quand les hommes mangent dans les tonnelleries, les rats viennent chercher leur nourriture, les audacieux!...

Il a donc fallu opposer à cette armée de ravageurs une armée de chats, et des plus beaux, ma foi!... J'en ai vu un de la grosseur d'un petit mouton, que l'on a baptisé du nom de *Truc* (il paraît que c'est un malin, celui-là ?).

Barthélemy, son maître, un Bourguignon des plus distingués, en a bien soin et lui a appris à faire l'exercice, avec *Vendredi*, le chien de la maison.

Simple distraction, qui ne fait de mal à personne et qui, au contraire, égaie les ouvriers, à l'heure des repas!...

Pendant le jour, les chats dorment nonchalamment posés sur les fûts, sur les toits, partout où vient un rayon de soleil. Ils sont très-familiers, connaissent bien ceux qui les caresssent, accou-

rent au sifflet comme des épagneuls, et acceptent
le régal qui leur est offert. Bercy est à eux, chaque
dimanche et chaque soir, et ils en sont les gardiens
fidèles. Sur dix, il y en a trois ou quatre qui ont
un *œil crevé*, stigmate de leurs luttes de toutes les
nuits. Ces braves, à figures patelines, attendent un
Cervantès ou un Homère, plus dignes qu'ils sont
d'en avoir un, assurément, que les grenouilles :
sans nul doute, les dieux leur en enverront un.

*<br>* *

Frédo estime que la population de Bercy, le
Bercy flottant, bien entendu, des cours, des entrepôts, du quai, des rues adjacentes, à six mille personnes ; c'est la Basse-Bourgogne et le Mâconnais
qui en fournissent le plus grand nombre.

Toutefois, ne confondez pas, chers lecteurs, les
Bourguignons avec les Mâconnais, les *Mâconniaux*,
comme on dit vulgairement ; ils savent se distinguer, n'en doutez pas, en dépit de la vieille divi-
sion des provinces qui les mettait sous le comman-
dement d'un même gouverneur, depuis qu'ils
avaient tous appartenu à la domination du *Témé-
raire* et de ses quelques prédécesseurs.

Le Mâconnais, reconnaissable à ses traits et à ses
cheveux plus bruns, déjà du Midi, passe pour iras-
cible, exclusif ; le Bourguignon pour entêté, ran-
cunier ; au demeurant, les deux races sont unies,
malgré des taquineries fréquentes entre elles.

On distingue aussi les hommes des pays de la

Loire, du Cher et de l'Orléanais principalement, qu'on nomme *guépins;* ceux-là sont moins nombreux que les Bourguignons et les Mâconnais, mais ils sont vaillants, très-bons tonneliers.

A côté de ces trois groupes, on rencontre des hommes venus de différentes contrées vinicoles et même des provinces de l'Est et du Nord; mais ils sont isolés, ne forment plus compagnonnage étendu, nation pour ainsi dire.

Je citerai encore, d'après *Frédo*, les hommes de Paris ou des départements limitrophes de la Seine. Beaucoup d'entre eux ne sont guère que des manœuvres, ne connaissant pas la *tonnellerie;* mais ils sont intelligents, actifs, et rendent des services pour les *gerbages*, *dégerbages* et *soutirages*.

Les plaisanteries d'un bon sel, les réparties joyeuses, les bons tours sont à l'ordre du jour dans les cours de Bercy; les noms même des ustensiles de travail révèlent de l'imagination et de l'observation.

Cet échafaudage portatif et cintré, grâce auquel les *poulains* montent les fûts jusqu'au haut des travées, c'est un *tabernacle;* cet ustensile, accroupi à terre, formé des deux pièces de bois, soudées ensemble par de fortes chevilles et évidé en ellipse, qui reçoit et tient élevée au-dessus du sol la pièce de vin que l'on soutire, c'est un *crapaud*, etc., etc.

Puisque je te parle d'ustensiles de travail, il faut, mon cher Maxime, que je donne ici un souvenir au *sac à dégerber*. Le *sac à dégerber*, vois-tu, c'est un objet utile, indispensable, vénérable presque. Dans son acceptation la plus ordinaire, ce n'est rien, comme son nom l'apprend, qu'un sac bourré de paille, destiné à amortir le choc, contre terre ou contre d'autres fûts, des pièces que l'on descend des travées ; mais à combien d'autres usages est-il employé!... Quelque brave garçon a-t-il trop fêté le dimanche? Vaincu par le sommeil et la fièvre bachique de la veille, éprouve-t-il vers le milieu du lundi un impérieux besoin de repos, il s'en va sans bruit vers le couloir où il a aperçu le *sac à dégerber*... et *requiescat in pace!*...

Bercy est, en quelque sorte, une petite ville de province, dans laquelle les cancans abondent autant que les vins du *Midi*, et je te demande la permission, mon cher Maxime, de ne pas *cancaner* davantage sur les *sacs à dégerber*, n'ajoutant pas foi, d'ailleurs, aux racontars qui m'ont été faits à leur endroit...

* *

Si nous parlions maintenant de *messieurs* les voituriers de Bercy !... Vois-tu, mon cher Maxime, cette longue file variée et bizarre de barques de toutes formes, échelonnées sur une seule ligne, entre les grilles en bois et la berge? C'est là qu'ils campent tant que dure le jour. Minces bureaux, où un homme se tient difficilement, guérites éclairées par une petite fenêtre, ou bien encore de grosses futailles — pipes ou demi-pipes — plantées

sur un fond, l'autre fond enlevé, afin que l'on puisse
se tenir debout, mais remplacé par une toile ten-
due sur un cercle qui s'arrondit au-dessus de la
porte pratiquée avec la scie dans les douves : Tout
est bon au voiturier et au *bricoleur*, son diminutif,
pour abriter de la pluie et du vent sa chaise et le
pupitre dans lequel il serre ses notes.

Le voiturier est surtout l'homme par lequel des
millions d'hectolitres de vins et d'eaux-de-vie sor-
tent chaque jour des entrepôts de Bercy et y entrent. Il doit se pourvoir d'un matériel coûteux à
acheter et à entretenir, posséder bon nombre de
chevaux robustes, plusieurs *haquets* que, depuis
quelques années, les marchands préfèrent voir
suspendus sur des ressorts, ce qui porte le prix de
ces véhicules jusqu'à 1,200 et même 1,500 francs
.chacun.

Le loyer des écuries, des remises, le foin, la
paille, l'avoine, les notes de forgeron, des bourre-
liers, nécessitent un grand roulement de fonds. A
ces dépenses vient se joindre la paie journalière
des hommes qu'il emploie, et qui est de 4 francs
environ, auxquels s'ajoutent les pourboires qu'ils
touchent pour descendre les fûts dans les caves au
lieu de destination, pourboires qui varient de 75
centimes à 1 franc.

Ces conducteurs de haquets ou *charretiers* sont
la population la plus tapageuse de Bercy. — Pos-
sesseurs d'un vocabulaire qui ferait envie à *Vadé*, s'il
venait à renaître, souvent ivres — au détriment

des négociants — leur fouet levé aussi fréquemment sur leurs semblables que sur les chevaux, irascibles, batailleurs, ils remplissent les cours de leurs disputes, où la *gueule* — pour me servir d'une expression de Molière — joue toutefois et heureusement le plus grand rôle. C'est le métier qui le veut, et les maintenir dans un état relativement tranquille, n'est pas le moindre souci des patrons. — Les occupations du maître voiturier sont d'ailleurs multiples et exigent une sollicitude de tous les instants. — Il doit veiller à la délivrance des expéditions qui accompagnent les fûts qu'il s'apprête à transporter, faire en sorte d'obtenir ces expéditions de bonne heure, disposer ses *voitures*, c'est-à-dire combiner ses enlèvements, de manière à en former des chargements par quartier, etc. — J'ajouterai que la plupart du temps le voiturier a un aide intelligent et dévoué dans sa femme.

*<br>* *

A côté de cette population vigoureuse, composée de voituriers, charretiers, bricoleurs, tonneliers et travaillant la chanson à la lèvre, la santé sur la figure et dans le cœur, il en est une autre qui mérite un premier prix.

Entrons dans ces bureaux de comptabilité et d'écritures, construits en forme de chalets ou de kiosques, le long des cours. — On y distingue surtout le Parisien à la chevelure brune, au teint mat, aux yeux vifs, à la mise soignée. — Parmi cette bureaucratie commerciale, plus jeune et moins guindée que la bureaucratie des administrations, les diverses fonctions tranchent cependant entre elles, d'une manière très-précise.

Voici le premier commis aux écritures, silencieux, digne, faisant peu attention aux allants et aux venants, debout devant son haut pupitre, au milieu de ses registres, écrivant sur le grand-livre avec cette élégance qui le caractérise. — Voilà le caissier, tenant son livre de banque, recevant, soldant, remettant aux jeunes commis ou aux voituriers l'argent des quittances qu'ils vont prendre aux bureaux d'octroi.

Au milieu de ces divers employés, le *premier commis* à la vente va et vient, entrant, sortant, dans un mouvement perpétuel. — C'est l'homme de confiance, le haut fonctionnaire de la maison. — Son emploi demande de l'intelligence, de l'activité, de la fermeté, une surveillance continuelle, un instinct développé des affaires, une foule de connaissances spéciales; s'il quitte le patron pour s'établir, son second le remplacera et ainsi de suite; ne faut-il pas, mon cher Maxime, que le soleil luise pour tout le monde ?...

Beaucoup d'employés de Bercy ont débuté dès l'âge de quinze ans, en sortant de l'école primaire; et, par leur conduite, leur travail et leur intelligence, ils sont arrivés à une bonne position. — Et même, j'en connais qui sont devenus patrons; ils n'ont pas à regretter, certes, d'avoir fréquenté l'école des Frères, si heureuse chaque année dans les différents concours qui ont lieu entre toutes les écoles de la ville, sous l'habile direction de l'éminent directeur de l'Enseignement primaire à Paris, M. Gréard, membre de l'Institut.

\* \*

Tu sais, mon cher Maxime, que nous devons dîner ce soir chez l'ami Alfred, à Adamville ?

Il est temps de quitter Bercy...

Je ne demande pas mieux, mon cher Frédo.

Quel chemin prenons-nous ?...

Celui des écoliers, — parbleu !... Dirigeons-nous du côté de Reuilly ; nous prendrons le train de 6 heures 10 minutes à *Bel-Air*. — Ne nous pressons pas ; car nous avons une grande heure devant nous ; et, chemin faisant, je te parlerai du seigneur Henri de Cyber, qui occupait, il y a plus de deux cents ans, un hôtel splendide à Bercy.

En route !... mais avant de commencer mon récit, je te recommande, mon cher ami, de venir me trouver, demain matin, à onze heures précises, au *Sapeur :* j'ai invité à déjeuner le cousin Prosper, un architecte de talent, — qui désire visiter le *Petit-Château* et ses dépendances, — et nous ne resterons pas longtemps à table, pour pouvoir consacrer notre après-midi à une *revue générale* (?) — A six heures, nous ne pourrions plus pénétrer dans les cours.

J'accepte de grand cœur ton rendez-vous, mon cher Frédo ; mais voilà dix minutes que nous marchons, et tu ne m'as pas encore dit le premier mot de ton histoire du seigneur Henri de Cyber !...

C'est vrai ! Allons, ne te fâche pas ! Je commence :

# VII

## LE SEIGNEUR HENRI DE CYBER

Sur l'emplacement qu'occupent les entrepôts de la rue de Bercy, numéros 37 et 39, s'élevait, au seizième siècle, un hôtel qui fut démoli dans les dernières années du règne de Louis XIV.

En faisant des travaux de terrassement, l'année dernière, dans l'entrepôt du numéro 37, on a découvert de vastes souterrains, qui ont dû être témoins de scènes *terribles*, s'il faut s'en rapporter à la chronique du quartier !...

Cet hôtel, dont les jardins en amphithéâtre descendaient au bord de la Seine, s'appelait l'hôtel de Cyber, du nom du gentilhomme qui en était propriétaire : on voit encore, sur le quai, au numéro 50, un petit pavillon, d'architecture bizarre, qui dépendait de cette propriété.

Henri de Cyber était un seigneur de haute lignée et de haute stature. Sa physionomie dure et farouche, ses manières hautaines, le mystère dont il s'entourait, et, par-dessus tout, certaines his-

4

toires sinistres, dont il avait été le héros et que l'on se racontait tout bas, en le voyant passer, faisaient de lui un de ces personnages marqués au front du sceau des prédestinés du diable.

Haï comme la peste, il était, de tous ceux qui l'approchaient, redouté comme le feu. Il avait, comme chevalier de Malte, solennellément juré, par la croix d'or qui brillait au côté gauche de son court manteau de velour noir, que soldat de l'Église militante, il resterait éternellement étranger à Satan, à ses pompes et à ses œuvres.

Comment dis-tu, Frédo ?... à Satan... à ses...

Je t'en prie, mon cher Maxime, ne m'interromps pas ; tu me ferais perdre le fil de mes idées...

Oui, il avait juré, ce seigneur de Cyber, qu'il resterait éternellement étranger à *Satan* ; mais, de ce serment, il s'était tellement joué, l'impie ! que, s'il faut s'en rapporter à la tradition, il avait, — sans parler de ses autres crimes, — deux fois plus de raps sur la conscience qu'il ne comptait de quartiers de noblesse.

Ardent catholique sous sa peau de débauché, il figurait au premier rang des favoris du tout-puissant duc d'Épernon qui, dans sa jeunesse, avait été, avec Maugiron, Joyeuse, Saint-Mégrin, plus que le favori de Henri III. — Bref, pour le peindre en deux traits, c'était un don Juan, doublé d'un Barbe-Bleue.

Nous sommes en 1610. Il y a un mois que le vainqueur de Coutras, d'Arques, d'Ivry, de Fontaine-Française, Henri IV, en un mot, est tombé rue de la Ferronnerie, sous le poignard de Ravaillac. Marie de Médicis est régente.

Le duc d'Épernon, qui est soupçonné comme elle, d'avoir du sang royal sur les mains, gouverne sous son bon plaisir, en attendant que le Florentin Concini le détrône, pour être, quelques années plus tard, tragiquement détrôné lui-même par Albert de Luynes, — trois fastueux scandales entre deux impérissables gloires, — Sully et Richelieu.

Les catholiques et les réformés se reprennent à s'observer avec défiance et haine, et le feu de la guerre civile, éteint par l'Édit de Nantes, menace de se réveiller sous les cendres qui le couvrent.

— Abrége, Frédo; nous sommes à la caserne des pompiers de Reuilly et la station de Bel-Air n'est pas loin d'ici.

— Eh bien, mon cher Maxime, est-ce que, une fois en vagon, je ne pourrais pas achever mon histoire? Je continue :

Henri de Cyber est dans son boudoir, dont la croix du Christ et l'image de la Vierge, ô profanation! ornent dérisoirement les lambris dorés. Une jeune fille est à ses pieds, pleurante et suppliante.

— Un message très-pressé, monseigneur, dit tout à coup André, son âme damnée, qui entre brusquement et lui présente un parchemin aux armes royales.

A peine Henri y a-t-il jeté les yeux qu'il s'écrie :

— Cette belle inconsolable dans la *chambre de l'oubli* jusqu'à mon retour, et en route !

Ils partent.

Arrivés à Montgeron, ils s'y arrêtent pour souper.

Ils ne sont pas attablés depuis une demi-heure dans la salle commune de l'hôtellerie du Lion-d'Or, qu'un étranger en franchit le seuil, précédant un de ses serviteurs.

C'est un gentilhomme de haute stature, comme Henry de Cyber, et comme lui en costume de voyage. Sa figure est grave et triste ; mais, sous la pâleur qui recouvre son front et ses joues, et qui font ressortir sa chevelure, sa moustache et sa royale d'un noir de jais, on lit l'énergie et la franchise d'une âme honnête et intrépide, et ce calme sérieux, qu'au milieu des épreuves de la vie, donne toujours une bonne conscience.

— Enfin ! s'écrie-t-il, en dardant sur le chevalier de Malte, qu'il vient d'apercevoir, un regard où respirent la haine et la vengeance.

— Lui ! murmure avec un involontaire effroi le chevalier de Malte, qui s'est levé précipitamment à son approche.

— Arrêtez, chevalier, reprend l'étranger d'une voix sombre, et l'épée hors du fourreau !

— Qu'est-ce à dire ? Est-tu fou ou es-tu ivre ?

— Oui, ivre de joie, Henri de Cyber, de pouvoir une bonne fois et en face, te dire que tu es un infâme...

— Misérable! reprit le chevalier de Malte, se contenant avec peine; mais qui donc es-tu? que me veux-tu?...

— Qui je suis? Eh! ne le sais-tu pas?...

Je suis Léon de Tobul... Ce que je veux? Faut-il donc te le répéter? Je veux ta vie...

Allons, défends-toi!...

Et, l'œil étincelant de fureur, Léon de Tobul met l'épée au vent.

— Eh bien! soit, j'accepte... car, vrai Dieu! je n'ai pas moins soif de ton sang que toi du mien. Mais je ne m'appartiens pas en ce moment... Je suis porteur d'un important message de la reine régente. Je ne serai de retour que dans quinze jours...

Nous sommes au 16 juillet; au 31 donc, minuit sonnant, rendez-vous à mon hôtel de Cyber, à Bercy, sur le bord de la Seine; et que le Dieu vivant me foudroie comme un chevalier félon et comme un lâche, si mon épée ne te fait pas, ce jour-là, rentrer dans la gorge toute tes insultes!...

Une heure après cette scène, que j'abrége, mon cher Maxime, car nous arrivons à Bel-Air, Henri et Léon chevauchaient avec leurs écuyers; l'un, calme comme la justice céleste, se dirigeant vers Paris; l'autre, en proie aux plus noirs pressentiments, galopant vers Melun...

\*\*\*

Dans la soirée du 31 juillet, deux cavaliers, en-

veloppés de grands manieaux couleur de muraille,
s'arrêtaient devant un pavillon gothique, qui n'était
séparé de la Seine que par une verte pelouse, sur
laquelle le disque argenté de la lune laissait tomber ses mélancoliques rayons.

— C'est ici, dit l'un des cavaliers.

Ils mirent pied à terre.

— Que le Dieu d'Israël nous assiste! répartit
l'autre cavalier, en frappant à la porte du pavillon
trois coups qui, d'intervalle en intervalle, reten-
tirent lugubrement sous la voûte étoilée du ciel
bleu, comme les trois notes cadencées d'un glas
funèbre. — Deux valets, porteurs de torches de
résine enflammées, parurent presque aussitôt, et
introduisirent, en passant par un grand jardin,
d'un aspect inculte et sauvage, sans échanger avec
eux une seule parole, nos deux visiteurs nocturnes
dans une vaste salle, qui avait pour plancher de
larges dalles de marbre, alternant du blanc au noir,
ainsi que les cases d'un damier, tandis que, muets
comme eux, deux palefreniers s'emparaient de la
bride de leurs montures.

A la dernière vibration du beffroi de l'église de
Charenton, sonnant minuit, le seigneur et maître
de cette mystérieuse habitation entra dans la salle
où nos deux inconnus l'attendaient, par une porte
secrète que masquait une riche tenture de velours
cramoisi.

Un homme le suivait, — son écuyer.

A sa vue, nos deux inconnnus s'inclinèrent.

Après leur avoir rendu ce froid salut :

— Léon de Tobul, dit-il d'un ton aussi sombre que son visage était pâle, merci d'abord de n'avoir pas manqué à ce rendez-vous qui sera, j'en jure par l'âme de ma noble mère, le dernier que nous nous donnerons dans ce monde ; et maintenant, m'expliquerez-vous le motif de l'étrange provocation que vous m'avez adressée il y a quinze jours, et qui vous amène ici, à cette heure de minuit, pour vous ou pour moi, l'heure suprême !

— A tes ordres, Henri de Cyber, répondit Léon de Tobul d'un ton glacial.

— Sortez, reprit le chevalier de Malte, en montrant du doigt la porte à son écuyer et à celui de son adversaire.

— Restez, répliqua vivement Léon de Tobul ; vous serez, après Dieu, nos témoins.

Les deux écuyers demeurèrent immobiles et muets comme deux statues.

Léon de Tobul reprit d'une voix sourde :

— Tu veux savoir, Henri de Cyber, pourquoi je te hais et pourquoi je t'ai provoqué ? Je vais te le dire : J'aimais de toute la puissance de mon âme une jeune fille aussi belle que pure. Sur elle reposait tout mon avenir de bonheur ; et cette jeune fille a été ravie par force et trahison à mon amour au moment où j'allais la conduire à l'autel... Voyons, me diras-tu enfin ce qu'est devenue Angèle, ma fiancée et ta victime ?

— Ma victime !... Et la preuve ?

— Moi, s'écria John, l'écuyer de Léon de Tobul ; moi, qui ai vu, de mes yeux vu, vos laquais à l'œuvre pendant une courte absence que fut obligé de faire mon noble maître pour le service de Monseigneur le duc de Sully.

— Mensonge ! hurla le chevalier de Malte.

— Vérité, riposta Léon de Tobul ; et ce n'est pas l'œil seul de mon fidèle John qui t'accuse. Cette lettre, la traiteras-tu aussi de mensonge ? Ecoute, elle est d'Angèle elle-même.

— Assez ! assez ! rugit Henri de Cyber, en tirant son épée. En garde ! A moi Angèle, à toi la mort !...

Alors commença entre le fiancé d'Angèle et son ravisseur une lutte terrible, inexorable.

Henri a pour lui la force et l'adresse. Léon le sang-froid, sa conscience et Dieu. La lutte est égale, la victoire incertaine ; cependant, dans la fureur qui l'aveugle, le chevalier de Malte se découvre et l'épée de Léon de Tobul l'atteint au flanc droit.

— Angèle ou la mort ! s'écrie Léon en voyant chanceler Henri.

— Oui, la mort, mais pour toi, réplique celui-ci avec un rire amer.

Et, avec une adresse infernale, il pose le pied sur un ressort, de lui bien connu, et imperceptiblement caché dans la pierre.

Une des larges dalles noires du plancher s'abaisse aussitôt sans bruit, laissant à découvert et tout béant un gouffre ténébreux, au fond duquel coulent les eaux jaunâtres de la Seine, et dans lequel plus d'une innocente victime a déjà trouvé son froid tombeau.

Léon de Tobul qui, dans l'enivrement de son premier succès, n'a pas vu l'abîme, va y disparaître, lorsque son fidèle John pousse un cri d'horreur et d'effroi.

A ce cri sauveur, Léon se rejette vivement en arrière, et, d'un autre bond, se porte, avec une exclamation d'écrasant mépris, sur le flanc gauche du chevalier de Malte, dans la poitrine duquel sa rapière fait une rouge et profonde trouée.

— Que Satan ait mon âme, si toutefois il en veut, murmure celui-ci en tombant; màis la bien-aimée Angèle ne sera pas à toi...

Et, de son reste de souffle, il tire d'un sifflet d'ivoire, pendant à son côté, au bout d'une chaîne d'or, un son aigu, perçant comme un signal.

Puis il expire.

Ce coup de sifflet était l'arrêt de mort d'Angèle de Bapaume. La jeune fille que nous avons vue pleurante et suppliante à ses pieds.

Lorsque Léon de Tobul la retrouva dans la *chambre de l'oubli* de l'hôtel de Cyber, son corps virginal avait la glaciale rigidité du marbre; son âme était remontée vers Dieu.

Pauvre Angèle!...

— Ah! Frédo, ton histoire n'est pas gaie!...

— C'est vrai, mon cher Maxime; mais je te dédommagerai, un autre jour, en te racontant quelque chose de *ben zentil*... comme dit Alfred... quand il est de bonne humeur. — Tiens!... je l'aperçois là-bas; — il passe devant la nouvelle mairie de Saint-Maur : on dirait qu'il marche avec des bottes de sept lieues... Ce cher ami vient à notre rencontre.

— Alors, nous arrivons à la station du Parc ?

— Mais... oui... N'entends-tu pas crier :

Le *Parc!* Le *Parc!* Le *Parc!*... Eh bien! descendons et *allons-y gaiement!*

Gravir par B. Gervais.

Henriette imp. Paris

# VIII

Le *Petit-Bercy* se composait des terrains situés entre l'ancienne rue Grange-aux-Merciers (rue Nicolaï) et l'ancienne barrière de la Rapée.

*La Rapée* doit son nom à une maison de plaisance, bâtie par un commissaire des guerres de ce nom, sous le règne de Louis XV. Cette propriété était sise sur l'emplacement actuel du magasin à fourrages, et s'étendait, par son parc, jusqu'au n° 14 du quai de Bercy.

En 1787, les mariniers de la Rapée donnèrent une joute sur l'eau, et le public y prit un vif plaisir. Constamment renouvelée depuis, au mois d'août de chaque année, cette joute, mon cher Maxime, a toujours le privilége d'intéresser les nombreux spectateurs qu'elle attire, — à la grande satisfaction aussi des limonadiers et restaurateurs du quai de Bercy! — Espérons que l'on saura conserver les bonnes habitudes.

Un parc superbe entourait le bâtiment, appelé le *Petit-Château*. — Ce parc fut acheté par une compagnie qui louait des emplacements aux négociants en vins. MM. de Chabons et de Cussy firent acquisition de la partie afférente au Petit-Château, et la revendirent, en 1815, à M. Gallois père.

Aujourd'hui, le Petit-Château est occupé par plusieurs locataires, pour lesquels on a construit, à gauche, à droite, au milieu, des magasins qui ressemblent à des hangars et sous lesquels on doit étouffer en été. — Le magnifique jardin qu'on apercevait au n° 45 du quai a disparu; seul, un cèdre séculaire, resté debout au milieu du terrain, semble protester contre l'envahissement des futailles, qui ont remplacé la verdure, les fleurs et les bosquets..., ces bien-aimés témoins de mon enfance; car je te l'ai déjà dit, mon cher Maxime, le Petit-Château m'est cher, malgré les douloureux souvenirs qu'il me rappelle; ma famille l'a habité pendant quinze ans. C'est là que j'ai reçu le jour et que s'est écoulée mon enfance; mais c'est là aussi que, bien jeune encore, j'ai eu le malheur de perdre mon bien regretté père...

On arrive de la rue de Bercy à la cour du Petit-Château, par une avenue bordée d'arbres de chaque côté, désignée autrefois sous le nom d'*Allée des Pommiers*, parce que des pommiers la longeaient dans toute son étendue.

Depuis deux ans, l'avenue du Petit-Château est fermée, la nuit, par l'octroi, qui a établi un bureau de surveillance dans l'ancienne maison Z. Lefebvre, à côté de la maison Roux-Dubief frères.

Une barrière en bois sépare l'avenue qui se trouve ainsi réduite à *sa plus simple expression :* c'est laid et gênant pour les propriétaires voisins, MM. Roux-Dubief entre autres, qui n'ont pu obtenir la moindre satisfaction de la Ville. — Mais... patience... Le jury d'expropriation ne tardera pas à se prononcer : *suum cuique*, n'est-ce pas, mon cher Maxime?

Lorsque, vers 1838, j'étais la *terreur* des locataires du Petit-Château, — celle en particulier du père Benon, auquel je faisais, je l'avoue, une foule de petites misères, — cette propriété n'était pas démembrée comme elle l'est aujourd'hui.

Ne me suis-je pas avisé, un jour *d'orage*, de prendre un marteau et de faire une brèche à chaque marche en pierre du premier étage ? *On* me tira les oreilles... puis *on* paya les réparations. — Coquin d'enfant, n'est-ce pas?

Le grand potager a fait place à un entrepôt de vin, connu sous le nom d'*Entrepôt-Abel-Laurent.* Le propriétaire d'alors était un riche agent de change, M. Abel-Laurent, qui a fini, — après beaucoup de difficultés, — par vendre son immense entrepôt à la Ville.

Sur l'emplacement de l'ancien jardin anglais, ont été percées les rues que nous allons parcourir : *Gallois, Laroche, Léopold, Saint-Louis* et *Sainte-Anne.* M. Gallois donna à chacune de ces rues un nom se rattachant à sa famille.

5

Son prénom était *Louis ;* le lieu de sa naissance, *Laroche* (Yonne).

Madame Gallois s'appelait *Anne* et leur dernier enfant, *Léopold*, charmant jeune homme, mort à Marseille, à l'âge de vingt-trois ans, après six mois de mariage.

La ville a débaptisé la rue *Saint-Louis*, pour l'appeler rue du *Médoc* (où diable le Médoc est-il venu se... loger)?

De même, pour la rue *Sainte-Anne*, qui porte maintenant le nom d'un savant, qui a perfectionné les appareils télégraphiques : *Morse!*...

Le n° 3 de la rue Laroche, qui n'était connu, il y a quarante ans, que sous le nom de *Maison jaune*, à cause de sa couleur, servait de logis aux gens du château, particulièrement aux palefreniers qui avaient leurs écuries à l'entour.

Derrière cette maison, se trouvait le petit potager, remplacé depuis par des magasins de vins placés en bordure du passage Beaujolais.

Enfin, dans cette même rue Laroche, que nous ne pouvons franchir puisqu'elle est séparée par un mur, — toujours pour les garanties de l'octroi, — existe encore, du côté de la rue Gallois, une maison dans laquelle on avait établi un petit restaurant, que les voisins, d'il y a trente ans, avaient baptisé du nom de : Restaurant de la *Modestie*, probablement parce qu'on y vivait à très-bon compte?

Caussidière, l'ex-préfet de police de 1848;

ancien courtier en vins, y venait quelquefois déjeuner avec le capitaine Servoz, — encore une vieille connaissance dont l'âme repose en paix depuis longtemps! Ce vieux serviteur du premier empire, après avoir pris sa retraite, était entré dans l'administration des contributions indirectes, en qualité de receveur, et il était aimé à Bercy, où — quoique déjà âgé, — il remplissait les fonctions de capitaine de la garde nationale.

* *
*

Nous allons pénétrer dans la cour du Petit-Château. — Quels jolis marronniers!.,.

— Mais ce sont des centenaires?

— Oui, mon cher Maxime, leurs opulents et frais ombrages ont vu passer bien des générations.

Nous apercevons les anciens magasins de M. Gallois père.

M. Louis Gallois, l'un des premiers propriétaires —négociants de Bercy, expédiait ses vins des vignobles en bateaux.

Ces bateaux s'arrêtaient à l'endroit dit les *Deux-Lions*, en face le château du Grand-Bercy.

C'est là qu'il venait vendre sa marchandise, pour s'en retourner dans les vignobles et faire de nouvelles acquisitions.

Le commerce n'opérait guère autrement dans ce temps-là.

M. Gallois, après avoir — c'est le cas de le dire

— mené sa barque avec autant de succès que
d'habileté, à travers tous les écueils du négoce,
prit terre à Bercy, où il acheta plus tard le Petit-
Château.

Le 20 décembre 1815, M. Gallois fut nommé
maire de Bercy; mais il ne conserva pas longtemps
cette fonction, ce qui lui permit d'accepter celle
de juge au tribunal de commerce de la Seine. Il
avait été nommé chevalier de la Légion d'honneur.

Enfin, fatigué des affaires, M. Gallois se retira
à Paris, d'où il venait chaque année passer la saison d'été, dans sa jolie maison de campagne de
Draveil-la-Folie (Seine-et-Oise).

Ce fut là qu'il mourut, à l'âge de soixante-
quinze ans, laissant deux fils : l'un, M. Jules Gallois, comte de Naives, décédé depuis; l'autre,
M. Félix Gallois, qui vit de ses revenus en Nor-
mandie.

La dépouille mortelle de M. Louis Gallois repose au cimetière de Bercy.

\*\*\*

Deux souvenirs historiques, mon cher Maxime,
avant de quitter le Petit-Château de Bercy.

J'ai fait beaucoup de recherches sur mon pays
*natal*, comme dit l'ami Achille, et le livre de M. de
Lescure : *Deux czars à Paris* (Pierre Ier, 1717),
renferme quelques lignes que je me suis empressé
de copier pour ne pas les oublier. Les voici : —
« Le samedi, 22 juin 1717, Pierre Ier alla à

Bercy, dans la belle et riche résidence, pleine de curiosités d'art et mécanique, et d'un luxe tout intellectuel, de M. Pajot d'Ons-en-Bray, le chef de cette dynastie, qui devait occuper, pendant plus d'un siècle, la direction générale des postes et relais de France. Il y trouva un ami de la maison qui devint presque le sien (le religieux carme, connu sous le nom du père Sébastien), dont les inventions en horlogerie, en physique et en mécanique, et les cures merveilleuses de chirurgien extracteur de la pierre, avaient rendu la célébrité populaire. Le czar s'y amusa tout le jour et y admira plusieurs belles machines, etc. »

Et maintenant, à madame Roland !

Madame Roland, quand elle n'était que l'admirable jeune fille que l'on appelait Marie Philippon, venait souvent à Bercy, chez M. de Boismorel, l'un des parents de sa mère. Elle parle avec estime de cet homme, qui était savant, philosophe et bon. Ils discouraient et étudiaient ensemble ; son parent lui prêtait des livres. Les jours où elle les lui rapportait, elle s'en venait par le jardin du Roi, aujourd'hui le jardin des Plantes, qu'elle aimait tant et où elle faisait ces pensives promenades d'hiver, que lui rappelaient plus tard, avec tant de charmes, les vers de Thompson qu'elle traduisait ainsi :

« Salut, tristesses qui me ressemblent, horreurs qui me conviennent, salut !... Bien souvent, je me suis plu à errer dans vos sauvages domaines, à fouler les neiges virginales et pures, moi-même aussi pure qu'elles, etc. »

Madame Roland fut l'une des femmes dont le nom s'est rattaché avec le plus d'éclat aux sinistres événements de la première révolution française. Elle était née en 1754.

Quoique fille d'un graveur obscur, qui ne lui avait fait donner qu'une éducation incomplète, elle avait su acquérir seule une instruction profonde, qui ne fit que développer en elle une imagination sérieuse et passionnée. On prétend que la *Vie des hommes illustres* de Plutarque fut, pendant plusieurs années, le seul livre qu'elle eut à sa disposition, et que la lecture suivie de cet historien avait suffi pour lui inspirer cette exaltation de sentiments républicains qui devint plus tard la cause de ses malheurs et de sa célébrité.

Mariée en 1770 à Roland de la Platière, que les événements de la révolution naissante imposèrent pour ministre constitutionnel au malheureux Louis XVI, madame Roland, par l'étendue de son esprit et la solidité de son jugement, exerça une influence considérable sur les opinions de quelques républicains modérés, qui formèrent plus tard le parti des Girondins.

Lorsque débordée par les partis extrêmes de la Convention, cette minorité de l'assemblée devint victime de ses propres illusions, madame Roland, entraînée dans la catastrophe de ses amis (31 mai 1793), fut un moment privée de la liberté ; elle

échappa pourtant cette fois au supplice; mais, in-
carcérée de nouveau quelques mois après, elle
périt sur l'échafaud le 8 novembre 1793, sans que
le plus stoïque courage l'eût abandonnée un seul
instant.

— Ah! mon cher Frédo, que de crimes on com-
mettait en ce temps-là... au nom de la liberté!...

— C'est vrai, mon cher Maxime; mais trève de
politique; le terrain est trop brûlant..... Demain,
nous nous occuperons du *grand château de Bercy.*

— Impossible! — je dois assister à la distribution des prix du grand concours, à la Sorbonne;
c'est la fête de l'intelligence, du travail et de la
parole. — embrassades, lauriers, harangues, déco-
rations!... et je tiens à répondre à l'aimable invita-
tion qui m'a été faite par Alfred, notre ami commun; seras-tu des nôtres?

— Volontiers, mais uniquement pour t'être
agréable, car *je connais ça* de longue date.

> La salle est pleine; la séance
> S'ouvre par un discours latin
> Que le public, par bienséance,
> Écoute... en bâillant sous sa main.
>
> Un pleur humecte la prunelle
> Des papas, des mamans, des sœurs
> Lorsque vient l'heure solennelle
> Où l'on proclame les vainqueurs.
>
> C'est là l'espoir de la patrie,
> La graine des brillants sujets.....
> Combien d'eux, dans l'épicerie,
> Mettront leur Virgile en cornets!

— *Optime*, Frédo! mais il y a des exceptions, permets-moi de te le dire. Je connais d'anciens lauréats qui ont conservé leurs auteurs; ils aiment à les consulter quelquefois, ces bons amis de la première heure, et.....

— Et..... je t'en prie, mon cher Maxime, pas de discours! Puisque nous serons de la fête de demain, remettons à jeudi notre excursion au delà des fortifications?...

Après le *Petit-Château*, le *Grand-Château*, n'est-ce pas?...

— Comme tu le dis. — A jeudi... et bonsoir!

*Imaie par E.Bernaz.*

*Heriorte, imp Paris*

Ancien Château de Bercy. — De la Terrasse des Deux Lions

# IX

## LE GRAND CHATEAU DE BERCY

Dans son Paris historique, anecdotique et pittoresque, Charles Louft, un écrivain de talent, a consacré quelques pages au grand château de Bercy ; il terminait en disant : « Adieu, superbes aurores et magnifiques couchers de soleil, que les Parisiens avaient coutume de venir admirer aux *Deux-Lions ;* avenues ombreuses et sombres solitudes, adieu pour toujours !...

En effet, la spéculation, cette entreprenante et opulente déesse de nos jours, qui n'a juré une guerre à mort au passé qu'au profit du présent et de l'avenir, ne pouvait manquer de rendre, un jour ou l'autre, visite à ce domaine de deux cents années et de dix-huit cent mille mètres, à un château frère et contemporain du palais de Versailles, où le ciseau du sculpteur, la navette du tisserand, la palette du peintre et le goût exquis d'un grand architecte avaient accompli, par une dépense, un art, un génie inépuisables, quantité d'incomparables merveilles.

Et comment les portes, si rigoureusement fermées à tout venant, de cet aristocratique sépulcre, où chaque année accumulait ruine sur ruine, poussière sur poussière, ne se seraient-elles pas ouvertes à deux battants pour la recevoir, quand elle apportait à M. le comte de Nicolaï, marquis de Bercy, en échange du terrain, nu de toute construction, de son immense propriété, *dix millions cinq cent mille francs*, sans compter *cinquante mille francs* d'épingles pour les employés et serviteurs de son château fantôme ?...

Si les princes et les grands d'autrefois ne se faisaient pas trop tirer l'oreille, lorsqu'il s'agissait d'épingles, la spéculation, comme vous le voyez, chers lecteurs, ne se montre aujourd'hui ni plus récalcitrante, ni moins généreuse dans l'occasion.

Un autre fait qui ressort, clair comme le soleil, de la comparaison des temps, c'est le prodigieux accroissement de valeur qu'ont pris, depuis cinquante ans, les immeubles situés dans le voisinage de Paris.

Qui croirait, par exemple, que le château de Bercy et ses dépendances, dont une partie avait déjà été aliénée, au prix de *dix millions de francs*, pour fournir des terrains au ministère de la guerre, aux fortifications, au chemin de fer de Lyon et à la commune de Bercy, avaient été achetés *dix-huit cent mille francs*, au commencement de ce siècle ?

*Vingt millions cinq cent mille francs*, plus environ *deux autres millions* de biens en terre, bois, etc.,

etc., que possédait, il n'y a pas encore bien longtemps, à Bercy, M. le comte de Nicolaï, pour le
terrain nu d'une propriété payée, constructions
comprises, *dix-huit cent mille francs*, n'est-ce pas,
me disait Frédo, à crier au miracle, à convertir au
progrès qui entraîne notre Société, les *Saint-Tho-
mas* les plus sourds, les plus aveugles, les plus
endurcis? Ne nous étonnons donc pas, après cela,
si, oubliant tous les anathèmes fulminés par eux et
les chantres du passé contre la *bande noire*, qui
jetait bas toutes les féodales demeures, par elle
acquises à beaux deniers comptant, pour les trans-
former, selon les besoins et les aspirations de notre
temps, en usines, en moulins, en habitations de
plaisance, en fabriques, en fermes ; ne nous étonnons donc pas, dis-je, si, par un revirement *fatalement* inévitable, les *fils des croisés*, les héritiers de
notre vieille noblesse, capitulant avec leur orgueil,
daignent actuellement condescendre à traiter d'égal
à égal avec cette *bande noire* tant maudite, à laquelle ils ont restitué son vrai nom, *l'industrie*, et
qui vient à eux les mains pleines de millions !...

Le château de Bercy, dont les enchères ont dis-
persé, il y a quelques années, à tous les vents de
la fortune, les dernières luxueuses et vénérables
reliques (je dis les dernières, car, vers 1830, M. le
marquis de Bercy en avait enlevé une grande partie des meubles, des tableaux, des tapisseries,
pour en décorer ses autres propriétés), le château
de Bercy fut bâti sur les bords de la Seine, près du

confluent de la Marne, pour la famille Malon, famille plus riche qu'historiquement illustrée, car elle est oubliée, même dans les *Mémoires du duc de Saint-Simon*, qui n'oubliait rien.

Commencé en 1650, ce château ne fut définitivement achevé qu'en 1710. François Mansard, frère de Jules Hardouin Mansard et architecte du palais de Versailles, en fournit le plan.

Le Vau, autre architecte de Louis XIV, le restaura ou plutôt le reconstruisit pour d'Ollier, marquis de Nointel, qui en était devenu possesseur.

Charles-François d'Ollier, de Nointel, était fils d'un conseiller au Parlement de Paris et avait d'abord suivi la carrière paternelle ; mais son habileté en diplomatie le fit choisir, en 1670, pour une mission concernant les Échelles du Levant, ainsi que notre commerce dans la mer Rouge, et il s'en acquitta de telle sorte qu'on le nomma ambassadeur près de la Sublime-Porte. Il garda ce poste jusqu'en 1678, époque de son retour à Paris.

Le marquis de Nointel poussait jusqu'à l'excès l'amour des belles choses ; il dépensa des sommes énormes en marbres rares, médailles, antiquités et peintures.

Le fameux Le Nôtre dessina le parc du château, — un parc de trois cents arpents, percé d'avenues magnifiques, — l'environna de jardins délicieux, et le borda, du côté de la Seine, par une longue terrasse, où deux grands lions de pierre faisaient mélancoliquement sentinelles.

La façade principale de l'édifice, la grille d'entrée et la cour d'honneur donnaient sur la route
de Charenton à la Grand'Pinte. Une magnifique
avenue d'ormes servait de trait d'union entre le
domaine de Bercy et l'ancienne avenue de Saint-
Maur, qui venait de Reuilly.

.*.*

La mode était passée des allées ratissées et tirées
au cordeau, des monotones charmilles, des arbres
violentés pour s'arrondir en dômes, s'élancer en
pyramides, etc., etc., comme touchait à sa fin le
règne des marquis pomponnés, enrubanés, dorés,
pailletés, de l'*Œil-de-Bœuf*, qui, les regards et
l'oreille fermés à toutes les clartés sinistres, à
tous les bruits menaçants du dehors, continuaient
à danser, les malheureux ! sur le volcan qui s'ap-
prêtait à les engloutir avec la monarchie.

Si longtemps méconnue et foulée aux pieds, la
nature revendiquait partout ses droits.

Le moment n'était pas loin où l'austère girondin
Roland, avec sa rude franchise de *paysan du Da-
nube*, allait, son portefeuille de ministre sous le
bras, se montrer devant le roi, au grand scandale
de la cour, en simple frac noir et souliers lacés.

Pendant la *Terreur*, — qui épargna le grand
château de Bercy, par oubli ou plutôt par commi-
sération pour l'innocence de son propriétaire, âgé
seulement de douze ans, — on établit dans le parc
une fabrique de papiers peints, remplacée, bien

des années après, par une fabrique de teinture pour châles.

La chapelle du château servait autrefois d'église aux habitants de Bercy.

Depuis 1830, tout était solitude, abandon, ténèbres dans cette splendide demeure, livrée,—fenêtres et portes closes, — à tous les ravageurs que vous savez; dans cette splendide demeure, autrefois « remplie de toutes les fêtes du goût, de la magnificence et du bel esprit, mêlé à tout ce que la noblesse a de plus rare et la beauté de plus charmant. » On eût dit que les Bourbons de la branche aînée en avaient emporté les clefs dans leur exil.

C'est à peine si, dans la belle saison, l'*omnibus* y amenait quelquefois M. le marquis de Bercy, qui s'y était réservé, comme pied-à-terre, un petit bâtiment contigu à la chapelle dont nous venons de parler.

L'accès en était rigoureusement interdit à l'antiquaire, au poëte, à l'historien, à l'artiste, au voyageur, au simple amateur. Charles Nodier, dans son ouvrage *les bords de la Seine*, nous raconte que *la porte lui en fut fermée par un cerbère impitoyable.*

Mais, parfois, il y a des exceptions à la règle, puisque, grâce à l'obligeance de M. Arsène Vavasseur, — alors régisseur du château, — l'ami Frédo a pu le visiter entièrement avant sa démolition, prendre des notes, les mettre en ordre et m'en fournir un double ; ce qui me permet, chers lec-

teurs, de vous parler si longtemps du grand château de Bercy.

M. Arsène Vavasseur était un ancien serviteur
du premier Empire et l'étoile de l'honneur brillait
sur sa poitrine. Capitaine de la garde nationale de
Bercy, il remplissait ses fonctions avec un rare dévouement et aussi avec ce savoir-faire qu'il avait
acquis au régiment. — En un mot, ce n'était pas
un capitaine pour *de rire*, au dire de Frédo.

Il fallait que le château de Bercy fût vendu pour
que les amis « des belles ruines, des splendeurs
éteintes, des poussières illustres, » fussent admis à
y pénétrer.

Nous ne saurions, à ce sujet, nous empêcher de
dire, en passant, que M. le comte de Nicolaï, marquis de Bercy, dont le père avait été, en outre,
pendant neuf ans (de 1821 à 1830), le premier magistrat, eût fait acte de bon goût et de courtoisie,
envers les habitants de cette commune, en permet-
tant que, dans l'été, son parc leur fût ouvert les
dimanches et jours de fête : manquant de promenades, ils lui en eussent été très-reconnaissants.

*
* *

C'est avec un sentiment de profonde mélancolie
que les habitants de Bercy ont assisté au curieux,
à l'incroyable, au lamentable spectacle de cette
ruine étrange et superbe, de cette misère vraiment
royale, « de ces haillons qui sont une histoire, de
ces restes magnifiques, de ces vestiges grandioses,

de ces majestés du bois sculpté, du marbre taillé, de la pierre où l'artiste a tracé en caractères — qu'il se figurait impérissables — les métamorphoses que le peintre était impuissant à reproduire. »

Avant de procéder à la vente de toutes les richesses poudreuses, boiteuses, déchirées, dégradées, vermoulues, de cette nécropole, on a dû retirer du caveau de la chapelle deux cercueils qui ont été transférés au cimetière *Picpus*, lequel appartient à une congrégation religieuse.

Ces deux cercueils renferment la dépouille mortelle de madame la comtesse de Saint-Lieux, née de Nicolaï, morte, en 1830, à l'âge de vingt-sept ans, et celle de M. de Malon, mort, en 1809, à l'âge de vingt-neuf ans.

C'est de M. de Malon, fils de Henri de Malon, chevalier, seigneur de Bercy, ancien conseiller d'État, intendant des finances, grand-maître et directeur général des ponts et chaussées de France, sous Louis XV, que M. de Nicolaï avait reçu, tout jeune, par héritage, le château de Bercy.

Les boiseries et les bibliothèques ont été, sans contredit, la partie la plus intéressante et la plus disputée de cette vente, dont nous allons faire connaître les plus riches articles, extraits du procès-verbal de la vente.

*Rez-de-chaussée* (annexe du château) : une salle de bain en marbre ; à la suite, pièce de repos carrelée, sculptée et dorée.

*Grand château* (salle des gardes) : quatre grandes peintures d'une certaine valeur historique, savoir :

1° Cérémonie du feu sacré dans l'église du Saint-Sépulcre de Jérusalem. (Beaucoup de mouvement, nombre prodigieux de figures).

2° Entrée dans la ville sainte de Charles-François d'Ollier, marquis de Nointel, conseiller au Parlement, ambassadeur de France à Constantinople en 1670, l'un des ancêtres de la famille de Nicolaï;

3° Son audience chez le grand-vizir;

4° Vue de Jérusalem.

Sur le premier plan de ce tableau, le marquis de Nointel, à pied et accompagné des personnes de sa suite, converse avec des Turcs.

Ces quatre toiles, de l'école de Lebrun, sont signées : Carrey.

*Office.* — Revêtement des murs de l'office, petite pièce basse (vendu 4,500 fr.). Ce revêtement est en marbre du Languedoc, orné de garnitures en étain moulé, d'un style plein de caractère et d'originalité.

*Salle à manger.* — Boiseries remarquables; deux buffets Louis XIV; table-console (*idem*), vendus 3,300 fr.

Deux grandes chasses, par Snyders, chasse au cerf et chasse au sanglier, vendues, les deux, 5,500 fr.

*Premier étage.* — Quinze belles tables et consoles Louis XIII et Louis XIV, en bois sculpté, et consoles Louis XIII et Louis XIV, en bois sculpté et doré, avec marbres rares et précieux (Portor, Griotte d'Italie, Serrancolin, etc.); un lit de repos en bois sculpté et doré Louis XIII.

Une table-console, en bois doré Louis XIV, sortant de la *Manufacture royale des meubles de France*, fondée par Colbert en 1667 (vendue 6,000 fr.).

Sept grands fauteuils Louis XIII, un canapé (*idem*), recouverts en tapisserie du temps; six fauteuils Louis XIV (*idem*); un bois de lit Louis XIII; deux clavecins, glaces, cadres, etc., etc.; trente magnifiques tentures en tapisseries très-anciennes et très-bien conservées (collection); soieries de Lyon, etc., etc.; dix-huit cheminées en marbre Louis XIII et Louis XIV, avec plaques historiées et chenets du temps.

*Petit salon*. — Boiserie du plus beau travail; cheminée admirable (vendues 25,000 fr. à S. M. l'Impératrice).

Ce chef-d'œuvre de sculpture, qu'on a moulé pour le Musée, a failli nous être enlevé. Un Russe l'a poussé jusqu'à 15,000 fr., un Anglais jusqu'à 20,000 fr.

*Grand salon*. — Riches boiseries sculptées; dix-huit pilastres d'ordre corinthien; six médaillons (ovales); deux dessus de porte dans leurs cadres, sculptés; deux glaces (*idem*); ornements en cuivre Louis XIV (vendus 17,000 fr. à S. M. l'Empereur).

*Petite bibliothèque* (sans livres), formant deux

pièces séparées par une ouverture circulaire;
treillage en laiton; ornement du meilleur goût;
superbe boiserie sculptée (la plus belle du château); peintures, etc., etc. (vendue à M. le baron
James de Rothschild, 28,000 fr.).

*Grande bibliothèque*, composée de deux parties
séparées par une entrée sculptée, formant douze
compartiments, avec médaillons, bustes, tablettes.
Cette bibliothèque, en chêne sculpté, renfermait
environ 6,000 volumes. Nous y avons remarqué :
*les œuvres gravées* de Téniers, de Van Dyck, de
Van der Meulen; le *Montaigne*, en maroquin rouge
(1640); le *Plutarque*, de Vascosan (1567-73); le
*Nouveau Testament*, in-12, en maroquin; le *Virgile* (1636); un *Livre d'heures*, manuscrit (douze
miniatures); l'*Année littéraire*, de Fréron; le *Mer-
cure de France;* la *République des lettres;* les
sermons du *Père Lenfant; Froissart;* le *Trésor
des antiquités grecque et latine*, de Grævius et
Grovonius, relié en vélin (très-beau et très-com-
plet), etc., etc. Qu'il me soit permis de citer encore
un ouvrage compris au nombre de ceux dont
Frédo fit l'acquisition : ce volume in-8°, sans nom
d'auteur, publié à la fois à Amsterdam et à Paris,
chez Sébastien Jorry, a pour titre : *Mes Fantaisies;*
pour épigraphe : *Ludibria ventis;* pour date :
1768, et se compose de poésies détachées; épîtres,
madrigaux, chansons, épigrammes, fort agréable-
ment tournés.

C'est, à coup sûr, l'œuvre d'un homme d'es-

prit — poëte amateur ou poëte de profession —
qui devait avoir ses grandes et ses petites entrées
au château de Bercy, comme le prouverait certaine
ronde écrite par lui pour une fête donnée dans
ce château à deux jolies femmes du dernier siècle,
ronde dont voici le refrain et le premier couplet :

> Amis, dans quel lieu du monde
> Rit-on, chante-t-on aujourd'hui?
> Qu'avec nous l'écho réponde :
> C'est à Bercy, c'est à Bercy. ·
>
> Bercy, pour nous, devient Cythère;
> Des amours, c'est le rendez-vous;
> Ils quittent le sein de leur mère
> Pour venir jouer avec nous.
> Amis, etc.

Dites encore que Bercy n'a pas toujours été un
pays de Cocagne !...

Somme toute, elle était très-curieuse, cette bibliothèque du château de Bercy, « où régnait ré-
solûment et exclusivement le passé; où brillaient,
par leur absence, les maîtres écrivains de ce siècle... » aussi inconnus dans ces murailles que s'ils
n'avaient jamais existé.

La vente de toutes ces richesses, — meubles et
livres, — a produit *deux cent dix-sept mille francs.*

Un amateur avait offert *cent mille francs* de la
totalité des boiseries : ce chiffre a été dépassé de
beaucoup, comme on le voit.

*\* \**

A gauche du parcours que nous venons d'accomplir, le paysage est encadré par un coteau qui s'allonge parallèlement au fleuve et que couronne le fort d'Ivry. A l'arrière-plan, se développe le village du même nom, composé de maisons de campagne dont une fut, au commencement de notre siècle, habitée par le poëte Parny, après qu'il eut épousé M<sup>lle</sup> Contat, la célèbre actrice.

Plus près de la berge s'est formé, depuis une trentaine d'années, le vaste groupe industriel de la zone prolongée.

Entre notre point de départ et le mur d'enceinte, le trajet est de trois kilomètres à peu près, et ce voyage fut, pendant la Fronde, effectué d'une façon qui mérite d'être racontée :

M. le prince ayant pris d'assaut le pont fortifié de Charenton, le marquis de Clanleu, qui le commandait, y fut tué avec tous ses officiers, à l'exception du marquis de Caignac, petit-fils du maréchal de la Force, qui, profitant de la débâcle de la rivière, sauta sur un glaçon et se laissa aller à la dérive jusqu'à Paris (1).

Je m'arrête, chers lecteurs, car mes notes sur le grand château de Bercy sont épuisées; et, dans un chapitre suivant, je vous rendrai compte de mon excursion, en compagnie de Frédo, dans d'autres quartiers du XII<sup>e</sup> arrondissement, sans oublier *Bel-Air*, charmant endroit, où l'on respire un *bon air*...

---

(1) *Paris historique* (Charles Louft).

# X

BEL-AIR, REUILLY, PICPUS ET LES QUINZE-VINGTS

Bercy, je l'ai déjà dit, appartient, depuis le 1er janvier 1860, au XIIᵉ arrondissement (mairie de Reuilly), lequel est composé de quatre quartiers, savoir : *Bercy*, *Bel-Air*, *Picpus* et les *Quinze-Vingts*.

Le *Bel-Air* est le nom d'une avenue qui communique de la place du Trône à l'avenue de Saint-Mandé; cette qualification est justifiée par la pureté de l'air qu'on respire sur ce plateau, où abondent les pensionnats et les maisons de santé. La proximité du bois de Vincennes rend aussi très-agréable le séjour de ce quartier.

Reuilly (*Romiliacum*) remonte à une très-haute antiquité, mon cher Maxime, et l'ami Émile de la Bédollière en parle savamment dans son *Nouveau-Paris*.

— Le roi Dagobert, tu sais... celui qui...

— Oui, je te comprends... continue donc...

Eh bien, Dagobert était propriétaire d'une charmante villa à Reuilly; il y épousa Gomatrude, pour la répudier ensuite, et s'unir à Nantéchilde. Après avoir épousé cinq femmes, il les répudia successivement, sans motifs plausibles, et...

— Mais je sais tout cela, Frédo, et revenons au domaine de Reuilly, si tu le veux bien ?

— M'y voici :

Le domaine de Reuilly appartint à la Couronne jusqu'en 1352, et le roi Jean le céda à Humbert, le dauphin du Viennois.

Colbert établit à Reuilly une manufacture de glaces, dont les vastes bâtiments furent construits en 1666 ; elle rivalisa bientôt avec les fabriques de Venise ; et je dirai, en passant, qu'il n'est pas inutile de revendiquer, pour la France, l'honneur d'avoir introduit, dans cette industrie, les améliorations qui en mirent les produits à la portée de toutes les classes.

Un Français, nommé Thivart, inventa l'art de couler le verre aussi facilement qu'un métal, et Rivière-Dufresny découvrit le moyen de polir les glaces : celles de Reuilly étaient fondues à Tourlaville, près de Cherbourg, ou à Saint-Gobain, près de La Fère ; puis on les amenait à Paris pour être polies et étamées ; mais il arriva un moment où ces transports onéreux furent supprimés.

Plus tard, le matériel de la manufacture fut transféré à Saint-Gobain, et l'édifice, d'une superficie de 21,000 mètres, devint la *Caserne de Reuilly*, que nous apercevons là-bas... entre le faubourg Saint-Antoine et le boulevart Mazas.

. . . . . . . . . . . . . . . . . . . . . . . .

Le passage du château (ancienne dépendance du château Dagobert), dans lequel nous entrons, mon cher Maxime, conduit à l'école communale des Frères, — la plus importante de l'arrondissement, — celle qui, cette année encore, a obtenu de brillants succès dans les divers concours auxquels ont été appelées les écoles de la Ville.

J'ai assisté, au mois d'août dernier, à la distribution des prix présidée par M. Alfred Allain, l'aimable maire du XIIe arrondissement, et j'ai été bien heureux en l'entendant rendre hommage au mérite et au dévouement de l'intelligent directeur de l'école, — le frère Anacletis — qui, bien secondé par ses collaborateurs, a su placer au premier rang l'école de Reuilly. — Directeur, professeurs, élèves ont été félicités et chaleureusement applaudis.

Puissent nos établissements scolaires prendre de plus en plus de développement, car — je ne t'apprends rien de nouveau, mon cher ami, — « dans le pays du suffrage universel, tout citoyen doit savoir lire et écrire. » Et ce sera par une solide instruction, jointe à une bonne éducation, que notre jeune génération pourra remplir un jour sa mission. Elle est dans le bon chemin; espérons qu'elle ne s'en écartera pas...

— Tu me comprends, Maxime ?...

— Oui, Frédo, et à ceux qui seraient tentés de dire, en parlant de la grande famille française, « c'est un arbre épuisé qui ne fleurira plus, » nous serons en droit de répondre, en montrant l'arbre couvert de fleurs et de fruits, « non, non, toute la séve ne s'est pas écoulée par les blessures ; elle remonte déjà dans les plus hautes branches ; ayons foi dans l'avenir ! »

\*\*\*

Picpus n'était qu'un hameau lorsque, en 1600, le pieux Vincent Massart y réunit des religieux péni-tents réformés du tiers-ordre de Saint-François, grâce aux libéralités de Jeanne de Sault, veuve de René de Rochechouart, comte de Mortemart.

Henri IV donna des lettres-patentes pour le nou-vel établissement, qui prit le titre de fondation royale, parce que Louis XIII posa la première pierre de l'église, le 13 mars 1611.

Les confessionnaux étaient ornés de statues entre lesquelles on distinguait un *Ecce homo*, de Germain Pilon, et une Vierge de frère Blaise.

Dans les chapelles étaient les tombeaux d'An-toine Leclerc, chancelier de France ; du maréchal de Choiseul, mort en 1711, et de plusieurs membres de la famille d'Aumont.

Le réfectoire était spacieux et... l'on pouvait s'y restaurer à l'aise. — Au fond se trouvait un tableau estimé de Charles Lebrun : *le Serpent d'airain dans le désert.* Par malheur, — aussi négligents

6

que les moines de Santa-Maria delle Grazze, qui ont laissé dépérir *la Cène* de Léonard de Vinci, — les religieux de Picpus abandonnèrent le chef-d'œuve de leur compatriote.

Les ambassadeurs des puissances catholiques avaient l'habitude de se rendre au couvent de Picpus, avant de faire leur entrée publique; ils y recevaient des compliments de la part des princes et princesses du sang royal et des princes légitimes; puis, un prince légitime de la maison de Lorraine ou un maréchal de France venait les prendre dans un carrosse du roi, pour les conduire à leur hôtel.

Du monastère de Picpus dépendaient des jardins étendus, qu'on retrouve aujourd'hui, en partie, parmi les terrains des maraîchers qui habitent le quartier. D'ailleurs, les potagers de l'ancien monastère avaient de la réputation pour l'excellence de leurs salades, dont le poëte Sénecé parle en ces termes :

> *Item* de la salade aussi fraîche, aussi bonne,
> Aussi rejouissante en sa varieté,
> Qu'a Picquepuce en assaisonne,
> L'ingenieuse pauvreté.

Non loin du couvent des pénitents de Picpus, Jean-François de Gondi, archevêque de Paris, avec le concours de Tubeuf (?), surintendant des finances de la reine, établit des chanoinesses régulières de Saint-Augustin, sous le titre de Notre-Dame de la Victoire de Lépante et de Saint-Joseph. — Elles étaient vêtues de serge blanche avec un voile noir sur la tête et un rochet de toile fine par-dessus leurs robes. Elles prirent possession, le 2 octobre 1640, de la maison qu'elles ont conservée jusqu'en 1790.

Pendant la révolution, on inhuma dans leur ci-metière les condamnés exécutés à la barrière Ren-versée, ci-devant du Trône.

Madame de La Fayette, seconde fille du duc d'Ayen, duc de Noailles, repose dans le cimetière de Picpus.

Le général, mort le 20 mai 1834, à l'âge de soixante-dix-sept ans, vint prendre place auprès d'elle, escorté d'un grand nombre de citoyens de tous les partis, de tous les rangs et de toutes les nations. A la terre qui reçut le corps du compagnon de Washington, fut mêlée de la terre envoyée tout exprès d'Amérique.

Dans la rue de Picpus, que nous venons de parcou-rir bien à la hâte, mon cher Maxime, existent plu-sieurs établissements religieux : l'hospice d'En-ghien, qui avait été fondé, en 1819, par la duchesse de Bourbon, dans la rue de Babylone ; la Congré-gation des sœurs des Sacrés-Cœurs de Jésus et de Marie ; celle des Dames des Sacrés-Cœurs de Jésus et de Marie, et de l'Adoration perpétuelle du Très-Saint-Sacrement de l'Autel.

Tous ces détails ne t'intéressent peut-être pas, mon cher ami ? Aussi vais-je te prier de m'accom-pagner dans le quartier des *Quinze-Vingts*, la patrie des ébénistes, marchands de meubles, tapissiers et... des aveugles *qui ne voient pas clair*...

Rien de remarquable dans ce quatrième quartier, si ce n'est l'hospice des Quinze-Vingts, que j'ai visité, il y a une quinzaine d'années, en compagnie de M. l'abbé Delamarre, l'ancien et bien regretté curé de *Saint-Antoine des Quinze-Vingts*.

Voici tous les renseignements que j'ai pu recueillir sur l'origine de cet hospice :

Saint Louis fonda l'hospice des *Quinze-Vingts* en faveur de trois cents ou de quinze-vingts aveugles — selon le langage de l'époque.

Joinville, historien de ce roi, nous apprend que la fondation fut faite à perpétuité ; mais le vieil historien ne dit pas, toutefois, que ces aveugles fussent trois cents chevaliers ou hommes d'armes laissés en otage aux Sarrasins, et auxquels ceux-ci avaient crevé les yeux. Cette version paraît avoir été inventée plusieurs siècles après la fondation de l'hospice ; car Rutebœuf, poëte du treizième siècle, parle de cet hospice et des aveugles qui l'habitaient en termes si peu respectueux, qu'il est difficile de croire que ses rimes satiriques fussent dirigées contre des soldats français, contre des soldats malheureux.

Une opinion plus probable est celle qui assigne pour cause première à cette fondation charitable la présence, dans l'armée des croisés, de ces ophthalmies malignes qni sont également fréquentes en

Egypte et sur les côtes d'Afrique, et qui se terminaient souvent par la cécité.

Les dispositions intérieures de l'hospice ont été ménagées de manière à procurer à chaque aveugle un logement particulier. — Les chambres à feu sont occupées par les aveugles mariés, et les petites pièces par les célibataires.

Un médecin attaché à l'hospice donne des consultations publiques pour les maladies des yeux.

La chapelle a été convertie en église, — puisqu'il n'en existe pas dans le quartier ; — mais il est probable que, d'ici à quelques années, on verra s'élever une grande église sur le vaste terrain qui a été réservé entre la rue de Lyon et l'avenue Daumesnil.

M. l'abbé Ritouret, curé de *Saint-Antoine des Quinze-Vingts*, ne perd pas courage et continue à faire d'actives démarches, avec son conseil de fabrique, en vue d'obtenir satisfaction au profit des 38,611 habitants du quartier : « faubourg Saint-Antoine, pour une partie du côté droit; commencement du boulevard Mazas; rues de Charenton, Moreau, Traversière, Lacuée, de Lyon, Bercy-Saint-Antoine, Jules-César, des Terres-Fortes, Biscornet; quais de la Contrescarpe, de la Rapée; rue Villiot, etc.. etc., » le tout dépendant de la paroisse *Saint-Antoine des Quinze-Vingts*.

— Mais, mon cher Frédo, tu dois savoir combien il est difficile — surtout à Paris — d'obtenir la construction d'une église! M. l'abbé Denys, curé de Saint-Éloi, en sait quelque chose...

Les *esprits forts* tournent en ridicule ceux qui en demandent, et pourtant ces derniers agissent dans l'intérêt général, car — en ce qui concerne le quartier des *Quinze-Vingts* — il faut avouer que l'utilité se fait de plus en plus sentir d'avoir une église, et non une chapelle exiguë, incommode pour les services religieux. C'est le douzième arrondissement qui est le plus mal partagé sous ce rapport, et il compte 88,000 âmes ! (1).

— Tu as raison, mon cher Maxime, je crois que tu es bien renseigné.

— De nos jours, il est difficile, en effet, d'aborder certaines questions : on se trouve en butte à de violentes critiques — pour ne pas dire plus — « attendu que la politesse n'est pas du domaine de M. Tout-le-Monde. » — Et comme j'ai le courage de mon opinion, je te prie, mon cher ami, de reproduire ce petit entretien, sans en retrancher un seul mot.

Tant pis pour ceux auxquels il déplaira! Les croquemitaines ne m'ont jamais fait peur..........

\*\*\*

Je n'ai plus rien à t'apprendre sur le quartier des Quinze-Vingts ; cependant nos promenades seraient

---

(1) Les souhaits de Frédo n'ont pas été exaucés. La ville a vendu son vaste terrain en plusieurs lots, et l'on est en train d'y construire des immeubles d'une certaine importance.

incomplètes, si nous ne visitions pas tout le faubourg Saint-Antoine, ce joyeux voisin de Bercy, avec lequel il fraternise si souvent...

— Ce sera pour demain, mon cher Frédo, car j'ai promis à Ernest, un ancien camarade de Versailles, d'aller dîner aujourd'hui, avec lui et sa famille, à Fontenay-aux-Roses, où, tu le sais, il occupe une belle position!

— N'est-il pas professeur à Sainte-Barbe-des-Champs?

— Mais oùi...

— Et tu ne m'emmènes pas? J'aurais du plaisir à revoir notre ancien condisciple; nous causerions d'*autrefois*...

— Eh bien! Frédo, puisque tu le désires, en route pour Fontenay-aux-Roses!...

Ernest verra que tu n'as rien perdu de ta gaîté; ce sera l'occasion de lui dire, comme Horace à son ami Pompeius Varus :

> Dulce mihi furere est amico.
> . . . . . . . recepto

— Quel latiniste que ce Maxime!

# XI

Foulques, curé de Neuilly-sur-Marne, fut le véritable fondateur de ce faubourg.

Il était venu prêcher à Paris, et s'était attaché surtout à convertir les femmes auxquelles les édits royaux enjoignaient de porter une ceinture dorée. Ces Madeleines pénitentes furent bientôt en assez grand nombre pour former une communauté où Odon de Sully, évêque de Paris, introduisit la règle de Cîteaux. L'érection de la maison en abbaye fut confirmée par un diplôme de Louis IX, donné à Saint-Germain-en-Laye, au mois de novembre 1227. L'abbesse de ce monastère royal obtint de grands priviléges. Elle fut affranchie de la juridiction épiscopale, reconnue pour dame du faubourg, et les artisans qui s'établirent dans ses domaines eurent le droit de travailler pour leur propre compte, sans faire partie d'une corporation.

Les premiers troubles de la Révolution éclatèrent dans le faubourg Saint-Antoine.

Maximilien Titon du Tillet, secrétaire du roi,

possédait, en 1711, dans la rue de Montreuil, une habitation splendide, qu'on avait surnommée *la Folie-Titon*. Elle fut convertie, par un sieur Réveillon, en une manufacture de papiers peints et veloutés, à laquelle des lettres patentes, données à Versailles le 28 janvier 1784, conférèrent le titre de Manufacture royale.

Au mois d'avril 1789, le bruit se répandit tout à coup que Réveillon songeait à réduire les salaires de ses nombreux ouvriers, et qu'il disait que le pain était trop bon pour eux. Une multitude furieuse envahit la manufacture et la mit au pillage. Les appartements et les jardins avaient été dévastés, les débris du mobilier jonchaient le sol, les émeutiers achevaient de vider le vin des caves — suivant leur noble habitude — lorsque parurent des gardes françaises, des gardes suisses et des escadrons de cavalerie. La foule fut dispersée à coups de fusil et de baïonnette, et l'on pointa des canons sur le faubourg Saint-Antoine.

Rabaud Saint-Étienne et autres historiens prétendent que ces troubles furent fomentés par la cour, qui cherchait un prétexte pour concentrer autour de Paris des forces imposantes.

*C'est toujours la faute du gouvernement,* mon cher Maxime. Tu vois que le dicton est bien vieux.

Réveillon, que l'on brûla... en effigie... ne paraît point avoir mérité l'animosité populaire. Réfugié à la Bastille, il y rédigea un mémoire justificatif, empreint du cachet de la vérité.

« Des ennemis cruels, dit-il, ont osé me peindre au peuple comme un homme barbare, qui évaluait au plus vil prix les sueurs des malheureux ! Moi qui ai commencé par vivre du travail de mes mains ! moi qui sais, par ma propre expérience, quand mon cœur ne me l'apprendrait pas, combien le peuple a de droits à la bienveillance ! moi, enfin, qui me souviens et me suis toujours fait honneur d'avoir été ouvrier et journalier ! c'est moi qu'on accuse d'avoir taxé les ouvriers et journaliers à 15 sols par jour !

« Jamais la calomnie n'a été plus injuste, et jamais elle n'a paru plus cruelle. Un mot, ce me semble, suffirait pour me justifier. De tous les ouvriers qui travaillent dans mes ateliers, la plupart gagnent 30, 35 et 40 sols par jour ; plusieurs en ont 50. Comment donc aurais-je fixé à 15 sols le salaire des ouvriers ?

« Il y a précisément quarante-huit ans que j'ai commencé à travailler, comme ouvrier, chez un papetier. Après trois ans d'apprentissage, je me trouvai pendant plusieurs jours sans pain, sans asile et presque sans vêtements. J'étais dans l'état de désespoir qui est la suite d'une situation si horrible. Je périssais, enfin, de douleur et d'inanition. Un de mes amis, Jules Rosier, le fils d'un tonnelier, me rencontra ; il manquait d'argent, mais il avait sur lui un outil de son métier, qu'il vendit pour m'avoir du pain. Ah ! l'homme qui a si bien connu le malheur oublie-t-il donc si aisément les malheureux ?

« En 1752, je ne gagnais encore que quarante écus par an; mes économies, quand je quittai le marchand qui m'avait recueilli, consistaient en 18 francs.

« En 1760, on commença à fabriquer à Paris les papiers veloutés; je voulus en vendre, et j'en fabriquai. J'avais dix ou douze ouvriers : mon local n'en comportait pas davantage; mais les demandes, qui se multipliaient, en exigeaient le double. Je louai alors, dans la vaste maison que j'occupais, un emplacement assez considérable : j'y eu successivement quarante, cinquante, soixante et quatre-vingts ouvriers.

« Pour me dévouer exclusivement à cette manufacture, devenue l'objet chéri de mon ambition, je sacrifiai un commerce de papeterie que j'avais dans Paris, et qui me rapportait 25 à 30,000 livres de rentes : je fis présent de ce commerce à deux ouvriers, Octave et Bernard, qui étaient avec moi depuis longtemps, et auxquels je connaissais de la conduite et de l'intelligence. »

Tel était l'homme, mon cher Maxime, qu'une populace affolée brûla en effigie!

Et pourquoi ? Parce qu'il avait su lutter contre l'adversité et obtenir enfin une position des plus honorables.

Que la plupart des *mécontents* interrogent leur

conscience, et elle leur répondra : « Ton incon-
duite, ta paresse, t'ont laissé en arrière ; autrement,
comme tant d'autres, tu fusses arrivé au but que
l'homme doit avoir en perspective : l'amour du
bien et la satisfaction « du devoir accompli. »

— C'est vrai, mon cher Frédo, et j'ajoute que
toute société dont le lien n'est pas l'amour du bien,
porte en elle le germe de luttes incessantes, d'é-
ternelles dissensions, ne produisant, hélas ! que de
tristes résultats. Que les esprits sages, réfléchis,
s'unissent donc pour combattre les tendances funestes d'une société qui, en se matérialisant chaque jour davantage, arriverait fatalement, tôt ou
tard, à une complète dissolution.

— Bien dit, Maxime. Mais ne prolongeons pas
cet entretien : nous irions trop loin.

— Eh bien ! revenons à notre faubourg.

— Tiens ! nous voici au nº 239. C'est dans cette
vaste propriété que Santerre, né dans le quartier
en 1752, acheta, le 20 août 1772, une brasserie
de quelque importance.

Cet *illustre* brasseur devint une très-grande autorité dans le faubourg Saint-Antoine, qui le choi-
sit pour chef lors de la prise de la Bastille.

Le 10 août 1792, il conduisit les habitants à
l'assaut des Tuileries, et, peu de temps après, il fut
nommé général en chef des sections armées.

A l'époque où triomphait la démocratie, le faubourg Saint-Antoine devait infailliblement obtenir
une grande prépondérance, et, en effet, on le re-

trouve dans toutes les grandes journées de la Révolution.

Le 22 avril 1793, dans une adresse à la Convention, la section des Quinze-Vingts se plaint des complices de Dumouriez et demande leur châtiment.

Le 1er mai, dans une pétition à l'Assemblée, 9,000 citoyens du faubourg proposent des moyens de sauver la chose publique (*res publica*).

Au 31 mai, ce faubourg marche contre les Girondins.

Au 9 thermidor, il soutient Robespierre.

Dans les journées de prairial an III, il envahit la Convention nationale, en réclamant du pain et la Constitution de 1793. Il dispute au bourreau le nommé Tirelle, garçon serrurier, que l'on conduisait à la place de Grève pour avoir porté au bout d'une pique la tête de Féraud.

En 1830 et en 1848, le faubourg Saint-Antoine fournit de nombreux combattants. Pendant l'insurrection de juin, on éleva des barricades qui furent défendues avec énergie, et l'armée perdit beaucoup d'hommes. Dans l'après-midi du 25, Mgr Affre, archevêque de Paris, accompagné de ses deux grands-vicaires, MM. Jacquemet et Ravinet, se présenta sur une des principales barricades. En voyant le prélat, les insurgés cessèrent immédiatement leur feu et vinrent se grouper autour de lui ; mais tandis qu'il réclamait, au nom de la religion, la fin d'hostilités fratricides, un coup

7

de fusil partit — on ne sut jamais d'où — et blessa mortellement le courageux archevêque, qui fut transporté sur un brancard, chez M. l'abbé Delamarre, curé de Saint-Antoine des Quinze-Vingts, où il ne tarda pas à expirer.

La lutte recommença avec fureur, et les habitants ne se rendirent qu'après avoir vu les maisons de la place de la Bastille criblées de boulets et de biscaïens.

\*\*\*

Le faubourg Saint-Antoine est devenu plus calme, mon cher Maxime : il a compris que la guerre des rues était une infamie, et qu'il était préférable de faire la guerre à l'ignorance.

Tout le monde travaille donc !

Les enfants vont en classe ; les adultes suivent les cours du soir avec assiduité ; les artistes créent des modèles nouveaux ; ouvriers et patrons se préparent à soutenir vaillamment le combat qui sera livré, en 1878, sur le champ de l'industrie.

— Tu veux sans doute parler de l'Exposition universelle, Frédo ?

— Oui, mon cher ami, et j'espère que ce grand tournoi pacifique aura pour effet de montrer aux étrangers que notre beau pays n'a rien perdu de sa valeur.

— C'est par le travail qu'une nation s'élève de plus en plus. L'outil ennoblit aussi bien que l'épée ;

il a ses chevaliers, et les lauriers qu'il donne ne coûtent ni sang ni larmes. . . . . . , . . . .

. . . . . . . . . . . . . , . . .

*⁎*

— *Et nunc*, mon cher Maxime, nos promenades sont terminées. Je n'ai plus rien à te faire visiter dans le XII⁰ arrondissement. Tu en sais autant que moi; tes notes sont prises, tu es en mesure de conjuguer le verbe *rédiger*... et lorsque ton travail aura paru dans le *Moniteur vinicole*, je te ferai part de mes *impressions* (?)

Puis, je te fournirai mes derniers renseignements sur Bercy-Entrepôt; car le conseil municipal de Paris ne tardera pas à statuer sur le rapport que doit lui présenter M. Viollet-le-Duc, au nom de la sous-commission nommée pour la construction du nouvel entrepôt de Bercy.

Ma lettre sera en quelque sorte le *post-scriptum* de tes *Promenades à Bercy*. Qu'en dis-tu ?

— J'accepte cette offre gracieuse, mon cher Frédo, et je te renouvelle mes bien sincères remerciements pour la façon avec laquelle tu m'as accueilli...

J'en conserverai le meilleur souvenir.

*⁎*

— J'ai suivi les conseils de Frédo, chers lecteurs, en publiant mes *Promenades à Bercy*.

Ai-je bien fait ?

Vous êtes juges de la question.

Mais avant de vous quitter, permettez-moi de solliciter votre indulgence : elle ne fera pas défaut, j'aime à le penser, à l'ami d'un enfant de Bercy.

Quel que soit votre verdict, je m'inclinerai sans *mot dire*.

A. MAXIME.

31 octobre 1876.

# BERCY DANS LE PASSÉ & DANS L'AVENIR

---

LETTRE DE FRÉDO A MAXIME

Puisque nous avons voyagé ensemble à Bercy, permets-moi, mon cher Maxime, de te signaler une omission que tu as faite à l'endroit de l'origine de Bercy.

Tu as été très-réservé sur le terrain des personnalités, et je t'en félicite, car — s'il fallait parler de tous ceux qui ont occupé une certaine position sur la place de Bercy — un volume ne suffirait pas ! — Et puis, mon cher ami, à côté des contents se trouvent les mécontents :

« . . . . . . . . Est bien fou de cerveau
Qui prétend contenter tout le monde et son père. »

Mais revenons à l'*Origine de Bercy*.

Je t'ai dit que, sous Louis le Gros, le territoire de Bercy était renommé pour sa fertilité en grains. Tu as bien relaté ce renseignement dans tes *Prome-*

*nades à Bercy ;* mais tu n'as pas reproduit une petite note que je t'ai donnée en quittant les *Marronniers.*

Comme il ne faut rien oublier, je vais te rafraîchir la mémoire.

« Selon l'abbé Lebœuf, un historien érudit du siècle dernier, membre de l'Académie des sciences, la bourgade de Bercy aurait été fondée, au IX^e siècle, par une peuplade de pêcheurs, habitant l'île de Belsy, sur la Seine, au-dessous de Rouen, non loin de Caudebec.

« Ces pêcheurs, chassés par les Normands, qui, à différentes reprises, saccagèrent les rives de la Seine, et remontèrent même jusqu'à l'abbaye de Saint-Maur-les-Fossés, auraient abandonné, vers l'an 850, l'île de Belsy, *insula Belsinaca,* et se seraient transportés avec leurs familles, en suivant les bords du fleuve, jusqu'à l'endroit où se trouve actuellement le grand marché aux vins de Bercy. »

Bercy, mon cher ami, a son histoire, comme Paris a la sienne : histoire monotone pour beaucoup, c'est possible, mais intéressante au plus haut point pour ceux qui l'ont habité, qui y demeurent, pour ceux qui y sont nés, pour ceux qui y vivent, enfin ?

Après avoir été une sorte de marécage presque inhabité, après avoir assisté aux luttes glorieuses de Camulogène et de nos pères, les Gaulois, contre Labienus et les séides de César ; après avoir été une humble et pauvre bourgade dépendante du fief royal de Reuilly, Bercy est devenu une banlieue de la capitale.

J'ai extrait les lignes qui précèdent d'un article VARIÉTÉS, *Recherches historiques sur Bercy et ses environs*, paru en mai 1870, dans le *Journal de Bercy*, et signé : Jules Nostag, pseudonyme d'un jeune écrivain de talent, enfant de Bercy, qui avait eu une excellente idée en fondant cette petite feuille hebdomadaire : elle était l'organe des intérêts locaux, et s'acquittait très-bien de sa mission.

*\* \**

D'ici à quelques années, il ne restera du Bercy d'autrefois, de sa splendeur passée, qu'un vague souvenir; et le penseur qui, repoussé du centre de Paris par les démolitions administratives, se rejette dans les anciennes banlieues de la capitale, se cramponnant çà et là, en désespéré, aux quelques vestiges qui peuvent lui rappeler le temps passé, ne retrouvera plus dans le Bercy du jour, où il espérait saluer encore quelques-uns de ces débris aimés de l'histoire de ses pères, que des rangées monotones de tonneaux entassés les uns sur les autres, que des bâtisses neuves pour le service de l'octroi et de son *aimable* personnel; et, à la place de ces ombrages charmants qui lui rappelaient les douces promenades de sa jeunesse, que de jeunes arbres qui, *dans une trentaine d'années*, abriteront des ardeurs du soleil les vins logés dans les entrepôts...

Le *vieux Bercy* aura vécu!...

Au moment des inondations de mars 1876, l'administration s'est émue de la position fausse dans laquelle se trouvait fréquemment Bercy.

Dès le **14** mars, M. le Préfet de la Seine déposait au Conseil municipal un mémoire sur un projet de mise en adjudication de l'établissement et de la régie intéressée d'un Entrepôt définitif à Bercy.

A la suite de ce dépôt, une commission spéciale fut désignée dans le sein du Conseil pour étudier cette importante question.

Cette commission est composée de MM. Viollet-le-Duc, Président; Ernest Dumas, Secrétaire; Deligny, Ferry, Forest, Jacques, Joubert, Lauth, Ernest Lefèvre, Marsoulan et Vauthier.

Le travail de *la commission des onze* a été des plus laborieux. Nos honorables conseillers se sont mis en rapport avec les représentants du commerce de Bercy : Chambre syndicale des vins et spiritueux (Président, M. Alfred Allain);

Commission des intérêts commerciaux (Président, M. Paul Teissonnière, membre de la Chambre de commerce);

Syndicat des intérêts locaux (Président, M. Armand, banquier à Bercy.)

Chacun de ces groupes a été parfaitement accueilli par la sous-commission municipale, et je me souviens d'une réunion générale qui eut lieu, il y a quelques mois, au Luxembourg; les trois syndicats avaient été convoqués par la commission spéciale, chargée d'examiner les projets relatifs à l'établissement d'un entrepôt définitif à Bercy.

De part et d'autre, des observations furent faites. Le système d'entrepôts à étages, repoussé unanimement par le commerce, fut bien vite abandonné.

Les représentants du commerce insistèrent auprès de la sous-commission municipale, pour obtenir l'établissement des magasins, d'une construction et d'une dimension telles, que les intérêts des négociants fussent sauvegardés.

L'honorable président, Viollet-le-Duc, répondit que note avait été prise des différentes observations présentées par les syndicats, et que le Conseil municipal agirait, dans la limite du possible, de façon à répondre aux désirs exprimés plusieurs fois par le commerce de Bercy.

Depuis lors, M. Viollet-le-Duc a déposé son rapport, et le Conseil municipal, dans sa séance du 23 décembre 1876, en a voté les conclusions.

« En conséquence, il est ouvert à M. le Préfet de la Seine :

1º Sur les fonds disponibles de l'emprunt de 1876, pour procéder à l'acquisition des immeubles nécessaires à la formation du périmètre de l'Entrepôt et de ses abords, un premier crédit de **18,629,610** fr.

2º Sur les fonds disponibles de l'emprunt de **1876**, pour la part de la ville dans les travaux des ponts

*A reporter.* . . . . **18,629,610**

*Report.* . . . . 18,629,610

et chaussées, qui comprennent la
construction du quai de Bercy, du
pont de Tolbiac, des abords de ce
pont sur le quai de la Gare, et de
tous les travaux de viabilité concernant l'Entrepôt, un second crédit (y
compris une somme à valoir de
770,390 fr.) de . . . . . . . . . .     5,370,390

3° Sur les fonds disponibles de
l'emprunt de 1876, pour procéder
à l'établissement des clôtures du
périmètre de l'Entrepôt, un troi-
sième crédit dé. . . . . . . . . .      800,000

Total . . . .   24,800,000 fr.

« M. le Préfet est invité à présenter au Conseil
municipal un projet définitif des bâtiments ; la proposition tendant à ce que le projet soit mis au concours public a été repoussée. »

Le programme d'un entrepôt de liquides, dans les
conditions de celui de Bercy, peut être formulé en
ces termes :

« Séparation absolue de l'Entrepôt des alcools de
celui réservé aux vins ;

« Position centrale de cet Entrepôt des alcools
et communication entre les parties séparées de l'Entrepôt des vins, sans qu'il soit nécessaire de récla-

mer des vérifications de la part des agents de l'octroi ;

« Pour les alcools, magasins à plusieurs étages, pour permettre le dépotage dans les bacs, et de ceux-ci dans les récipients à rez-de-chaussée ;

« Pour les vins, magasins à rez-de-chaussée de 16 mètres environ de profondeur, ayant leur entrée sur des voies de 16 mètres de largeur environ, et pouvant être divisés par travées. Exceptionnellement, magasins pour les vins au premier étage, vers la partie avoisinant la gare de Lyon ;

« Gare particulière pour les wagons à destination de l'Entrepôt ;

« Place à découvert et bourse couverte, au centre de l'établissement, pour les réunions des commerçants ;

« Bureaux d'administration, de vérification et d'octroi, répartis sur le pourtour ;

« Quai avec établissements séparés par de larges intervalles, restaurants et limonadiers ;

« Larges communications directes de la berge avec l'Entrepôt sous le terre-plein du quai. Entre ces voies de communication, magasins voûtés sous ce quai, formant supplément couvert à la berge. » (Rapport de M. Viollet-le-Duc.)

C'est sur ces données que M. le Préfet de la Seine est invité à présenter au Conseil municipal un plan d'entrepôt définitif.

En attendant, et en vertu de la décision prise le 23 décembre 1876, l'administration ne tardera pas à se mettre en mesure de procéder à la construction du pont de Tolbiac, à la rectification des berges et à l'exhaussement du quai de Bercy. —Puis, — et alors que le plan du futur Entrepôt aura été étudié et approuvé par le Conseil municipal, — on commencera par construire la zone réservée aux alcools. Ce travail achevé, on s'occupera de la construction des magasins affectés aux vins.

L'un des présidents des syndicats de Bercy, M. Armand, n'assistera pas à la réédification de nos Entrepôts.

Le 5 novembre dernier, cet honorable citoyen est mort après une courte maladie, laissant d'unanimes regrets. — Il avait pris chaleureusement en mains la défense des intérêts locaux, avec la collaboration de M. Brémant, qui continuera à représenter dignement les intéressés auprès de l'administration, jusqu'à l'expropriation complète des immeubles. Quant aux intérêts du commerce en gros des vins et spiritueux, ils continueront à être défendus par la Chambre syndicale, qui tiendra à honneur de poursuivre l'œuvre commencée par ses sœurs aînées.

*\*\**

Hier, mon cher Maxime, l'ami Alfred me tenait ce langage: « Certains négociants, qui sont parfaitement installés, avec bureaux sur le quai, cours ombragées et magasins remis à neuf, *murmureront* lorsqu'il faudra déménager, pour être logés dans le grand Entrepôt : qui à droite, qui à gauche, qui

au centre. Enfin, nous entendrons ce gai refrain :
Combien je regrette... mon Entrepôt si dodu, mes
vieux marronniers... etc..., etc... »

Oui, mon cher Alfred, répondis-je, il faut s'attendre à des mécontentements ; mais la sagesse nous
ordonne de ne pas être égoïstes et de ne nous occuper, en ce qui concerne Bercy, que de l'intérêt général.

Pauvres marronniers, vous êtes condamnés à
mort !... on vous abattra, débitera, et vous irez re-
trouver dans une autre patrie vos cousins-germains
du parc Nicolaï !...

Le *Bercy-Parc*, comme le désigne Émile de La
Bédollière, aura disparu... mais le grand Entrepôt
sera édifié sur ses ruines, s'élèvera avec fierté sur
les bords de la Seine, entre les chemins de fer de
Lyon et d'Orléans, dont les sifflets étourdissants an-
nonceront aux entrepositaires l'arrivée en gare de
leurs marchandises.

Allons, il y a encore de beaux jours pour *Bercy-
les-Vins !*...

Je ne veux pas terminer cette longue lettre, mon
cher Maxime, sans te dire quelques mots de l'Entrepôt des vins du quai Saint-Bernard, qu'il me
sera très-agréable de te faire visiter un jour.

Les travaux commencèrent sous la direction d'un
architecte de talent, M. Gaucher ; la première pierre
fut posée le 15 août 1811.

Il y a quelques années, l'administration a élevé de nouveaux magasins sur les terrains longeant le quai.

La somme totale, dépensée pour édifier et mettre cet entrepôt dans son état actuel, s'est élevée à plus de *trente millions de francs!...*

Autrefois, — pourquoi ne le dirais-je pas? — l'entrepôt du quai Saint-Bernard et celui de Bercy ne faisaient pas toujours bon ménage ensemble.— A qui la faute?... Au plus coupable, parbleu!... Mais aujourd'hui, la paix est faite, et elle sera de longue durée, espérons-le, si chacun veut bien mettre de côté tout amour-propre mal placé, pour ne s'occuper que de l'intérêt général.

Au revoir, mon cher Maxime; je te serre la main d'amitié.

FRÉDO.

Paris-Bercy, 2 janvier 1877.

# BERCY INONDÉ .

## INONDATIONS DE BERCY

On nous prie de publier la pétition suivante, adressée à M. le Préfet de la Seine par les membres du Syndicat des intérêts locaux de Bercy, à l'occasion des inondations de ce quartier :

« Paris, le 7 mars 1876.

« Monsieur le Préfet,

« Les soussignés, habitants de Bercy, de nouveau sous le coup des inondations qui tiennent dans une perplexité constante ce quartier déshérité, ont l'honneur de vous exposer ce qui suit :

« Bien que depuis l'annexion les administrations qui se sont succédé aient toujours laissé espérer qu'un remède assuré serait promptement apporté à leurs souffrances ;

« Bien qu'à diverses reprises, et notamment depuis l'année dernière, la Chambre syndicale des Vins et deux syndicats formés spécialement pour défendre leurs intérêts réciproques, se soient trouvés unanimes dans leurs conclusions, aucune solution n'a encore été proposée officiellement au Conseil municipal.

« Il leur paraît superflu, Monsieur le Préfet, de vous rappeler les nombreux griefs énoncés dans les divers mémoires qui vous ont été remis par les membres de ces divers syndicats. Il leur suffira de constater encore une fois quelles sont les conséquences d'un provisoire indéfini : mauvais état général de la viabilité de ce quartier ; pavage défectueux, balayage, égouts et éclairage insuffisants ; rues obstruées, maisons démolies, baraques et cloisons en planches indignes de la ville de Paris et, comme couronnement de l'œuvre, *inondations périodiques*. A la moindre crue des eaux, nos caves et nos magasins sont submergés ; bienheureux sommes-nous lorsque nos maisons elles-mêmes ne sont pas envahies (ce dont nous ne nous trouvons pas préservés en ce moment).

« Et cependant que faut-il pour mettre fin à tous ces maux ?

« Ce qui est demandé depuis bien longtemps par le commerce entier, c'est-à-dire *la reconstruction d'un entrepôt* réel et définitif dans le périmètre compris entre le pont de Bercy et le pont National (ce qui a été d'aillleurs formellement promis par votre administration au sein du Conseil municipal).

« Vous ne tolérerez pas plus longtemps, Monsieur

le Préfet, que le quartier, qui rapporte les meilleurs revenus à la Ville, reste ainsi délaissé.

« Permettez donc aux soussignés d'espérer que de nouvelles doléances ne seront plus nécessaires et que sans plus tarder, dans cette session même du Conseil, vous voudrez présenter un projet qui donnera satisfaction à tous les intérêts lésés, aussi bien aux industries et commerces divers qu'au commerce des vins et spiritueux.

« Agréez, Monsieur le Préfet, l'expression des sentiments les plus respectueux de vos très-humbles et dévoués serviteurs,

> « Le président : C. Armand, banquier, rue de Mâcon.—Les vice-présidents : E. Reyneau, propriétaire, boulevard de Bercy, 1 ; Soudée, négociant, quai de Bercy, 18. — Les secrétaires : Brémant, chef d'institution, 6, rue du Médoc ; Guillemard, architecte, rue Dupuis-Béranger, 7. — Les trésoriers : L. Garnier, négociant en vins, rue de Bercy, 61 ; Legendre, propriétaire, rue de Bercy, 30.

> « Les membres du Comité : Aubry, marchand de charbons en gros, rue d'Orléans, 18 ; Blondeau, marchand boucher, rue de Bercy, 13 ; Dufresne, entrepreneur de transports, rue Gallois, 18 ; Escargueil, restaurateur, rue de Bercy, 117 ; Gillotte,

entrepreneur de peinture, rue de Bercy,
9 ; Guigne, marchand épicier, rue de Bercy,
15 ; Guillot, propriétaire, à Colombes,
(Seine) ; Jacobi, quincaillier, rue de Bercy,
29 ; Lessertisseux, propriétaire, rue Léopold ; Ledru, négociant, rue de Bercy,
43 ; Redouté, propriétaire, rue Soulages,
20 ; Roux-Dubief, négociant en vins, cour
du Petit-Château, 1 ; Vedrine, marchand
de vin, rue Nicolaï, 21 *bis*. »

(Suivent deux cents adhésions des membres présents à la réunion privée du 7 mars 1876.)

*Nota*. — L'impression de la présente pétition a
été votée à l'unanimité.

Il y a longtemps que nous exprimons les mêmes
griefs et faisons valoir les mêmes considérations
que ceux de cette lettre ; la semaine dernière encore
nous nous élevions contre l'état des choses actuelles.

Mais aussi nous avons dit bien souvent que pour
se faire écouter de l'administration, il fallait être
incessamment sur la brèche, ne pas se lasser un
instant lorsque la cause est juste.

Et quelle cause est plus juste que celle-là ?

Cependant un moment d'arrêt dans les réclamations a suffi pour faire subir un ajournement regrettable.

Voici trois mois que le projet des entrepôts de
Bercy est étudié, achevé, prêt à être présenté à

notre Conseil municipal. Qu'attend-on pour le soumettre à ses délibérations ?

Il fallait un malheur public pour cela, le voici : Bercy est inondé. Peut-être va-t-on enfin se décider à agir.

En même temps que la requête ci-dessus parvenait à M. le Préfet, des convocations étaient adressées à MM. les membres du Conseil municipal et à MM. les sénateurs, les invitant à venir se rendre compte par eux-mêmes de la situation, et à écouter les doléances fondées des habitants de Bercy représentés particulièrement par le syndicat des intérêts locaux de ce quartier.

Nous avons assisté à cette réunion où un grand nombre de nos conseillers figuraient, mais où nos sénateurs brillaient par leur absence.

D'aucuns prétendaient que si la circonstance se fût présentée avant les élections, il n'en eût pas été ainsi.

Quoi qu'il en soit, la question a été posée et discutée.

La parole a été prise de part et d'autre, tant du côté des intéressés que de celui de nos conseillers.

Ceux-ci ont dû se retirer parfaitement éclairés, surtout après les discours de M. Armand, banquier, président du syndicat des intérêts locaux de Bercy, de M. Sabatier, un de nos plus honorables commerçants en vins, et les explications de MM. Teissonnière, Soudée et autres.

Nous ne reviendrons pas sur l'analyse de la question que nous avons si souvent discutée à cette même place ; disons pourtant qu'après ce qui vient de se passer, après la grande manifestation à laquelle nous venons d'assister, nos conseillers municipaux ont promis leur concours absolu et qu'un ajournement n'est plus possible.

(*Moniteur commercial*, 13 mars 1876.)

# BERCY INONDÉ

Bercy présente actuellement un spectacle étrange, navrant, effrayant. C'est une ville sous l'eau et l'inondation continue! La crue de la Seine était aujourd'hui de vingt centimètres, et on annonce d'ici à trois jours une nouvelle crue de soixante centimètres. Les dégâts sont déjà considérables, mais ce n'est rien en prévision de ceux auxquels on s'attend...

Il existe à Bercy un syndicat des intérêts locaux qui s'est ému de cette fâcheuse situation et dont les membres font tout ce qu'ils peuvent pour la conjurer. Ce syndicat est composé des négociants les plus notables de Bercy, de banquiers, de marchands de vins; il représente des intérêts considérables, et est résolu à provoquer les mesures nécessaires pour réparer les malheurs actuels et empêcher leur retour.

Le syndicat avait donc convoqué aujourd'hui les sénateurs, les députés de la Seine et les membres du Conseil municipal de Paris; la réunion était fixée pour une heure au cœur de l'inondation, c'est-à-dire au restaurant des Marronniers, situé 9, quai de Bercy.

La circulation est interrompue à partir du pont de Bercy, et les gardiens de la paix n'ont pas de mal à contenir les curieux qui viennent contempler cet affligeant spectacle, car l'eau commence au n° 3 du quai de Bercy et va comme cela jusqu'à Charenton. Déjà, sur toute la longueur du quai de la Rapée, la Seine s'étend sur une partie de la chaussée ; de grosses vagues viennent mourir sur les pavés et forment l'effet d'une véritable mer dont les eaux jaunâtres ont l'aspect le plus sinistre.

A partir du pont de Bercy, il y a un service régulier de barques qui transportent les malheureux habitants qui n'ont pas pu évacuer leur domicile. C'est à l'aide d'un pont formé de deux madriers, très peu solidement établis, que l'on peut gagner le restaurant des Marronniers, lieu du rendez-vous. Tout le rez-de-chaussée du restaurant est dans l'eau ; le local a l'air de la batterie basse d'un navire de guerre ; depuis longtemps les fourneaux sont éteints. On ne gagne pas le premier étage sans difficulté ; et là, dans des salles très-humides, le maître de la maison est parvenu à organiser quelques déjeuners froids ; cela rappelle les bons jours du siége. De ce premier étage, le spectacle est effrayant, le vent est immense et donne aux rameurs le plus grand mal pour faire avancer leurs embarcations. Et pendant ce temps les services publics continuent ; le facteur de la poste, celui du télégraphe, font leurs distributions en barque sans paraître s'apercevoir de l'inclémence du temps.

Nous arrivons maintenant à la réunion qui fait l'objet de notre visite à Bercy. Dans la grande salle du restaurant des Marronniers, se trouvent réunis les membres du syndicat des intérêts locaux avec leur président, M. Armand, et le secrétaire général, M. Brémant.

Le bureau se trouve ainsi constitué : M. Allain, président de la Chambre syndicale des vins, ayant à sa droite M. Teissonnière, membre de la Chambre de commerce, et, à sa gauche, M. Armand, banquier, président du syndicat.

Au début de la séance, M. Greppo, député du XIIe arrondissement, annonce que les diverses réunions politiques qui ont eu lieu dans la journée, ont empêché ses collègues de la Chambre des députés, ainsi que les sénateurs de la Seine, de venir à Bercy, et que ceux-ci l'ont chargé d'exprimer à la réunion tous les regrets des représentants du département.

Immédiatement après qu'on a donné acte à M. Greppo de sa déclaration, entrent MM. Tirard, député du premier arrondissement, et Brisson, député du dixième.

M. Sabatier, membre de la Chambre syndicale, prend la parole, et dit qu'en présence du malheur qui frappe la population de Bercy, il faut absolument que l'un des représentants de la Seine monte à la tribune et demande à l'administration préfectorale de prendre des mesures, promises depuis si longtemps, et dont la situation actuelle démontre l'urgence.

Bercy paie des impôts comme les quartiers plus privilégiés, dit M. Sabatier; il rapporte quarante millions à l'octroi de Paris, il est donc juste que l'administration fasse droit à ses légitimes réclamations.

A son tour, M. Armand fait l'historique de la situation de Bercy, et, commentant le mémoire adressé par le syndicat à M. le préfet de la Seine, il parle des entrepôts vexatoires établis chez les particuliers, de la gêne des habitants et enfin de la création, en 1874, d'un syndicat qui s'emploie, depuis ce temps, à faire cesser cet état de choses, et dont le but principal est de forcer la Ville à tenir ses engagements, c'est-à-dire à établir un entrepôt général promis depuis 1859.

« Il faut réagir, dit M. Armand, contre les lenteurs de l'administration, car c'est une question qui intéresse non-seulement la ville de Paris, mais la France tout entière, qui trouve une partie de ses ressources dans les produits de la viticulture. Nous faisons donc appel au concours des divers corps constitués par le suffrage universel, pour activer, dans le sein du Conseil municipal, l'étude d'une question de laquelle dépend l'avenir ou la ruine de notre arrondissement. »

En réponse à ce discours, un membre du Conseil municipal fait connaître qu'il sait, officieusement, que le rapport du préfet de la Seine, relativement à l'entrepôt général de Bercy, sera présenté mardi. On peut donc s'attendre à une solution prochaine.

M. Outin fait remarquer qu'il ne faut pas mettre au compte seul du préfet de la Seine le retard apporté à l'étude de cette question.

M. Teissonnière remercie les diverses personnes venues à la réunion et dit que le mal le plus considérable ne consiste pas dans les dégâts actuels, mais dans ceux qui se produiront lorsque l'eau se retirera, alors que le salpêtre détruira les maisons, dont la plupart sont fort mal établies, et que les cercles des tonneaux éclateront. De plus, les échéances du 15 et de la fin de ce mois verront plus d'un désastre financier que le commerce de Bercy devra supporter.

C'est sur ces questions de la plus haute importance que M. Teissonnière appelle l'attention des membres du syndicat.

M. Armand dit qu'il a reçu diverses lettres d'excuses et entre autres de M. Spuller, demandant une réunion des députés de la Seine à Bercy après jeudi de cette semaine. En réponse à cette offre, le président du syndicat dit qu'on pourra demander aux députés de Paris de recevoir les délégués du syndicat dans un des bureaux de l'Assemblée, à Versailles.

Après cette séance, les assistants se dirigèrent

8

vers une flotille de douze bateaux chargés de conduire les personnes convoquées sur les lieux inondés.

Sur toute la longueur du quai, l'eau a atteint
une hauteur de 1 m. 50, parfois les barques heur-
tent les bornes qui ont 1 m. 20 de haut. Quelques
maisons mal bâties menacent ruine, presque toutes
sont abandonnées ; cependant, au 24, dans la maison du café Banier, on signale la présence de
deux malades. Nous pénétrons dans la grande cour
d'un entrepôt : l'eau a atteint le cœur des propriétés. Le bureau d'octroi, la maison Deroche frères,
la maison de M. Armand, sont dans l'eau, et on
pense que demain la Seine aura gravi un étage de
plus. Des tonneaux sont entraînés, des objets épars,
des épaves de toutes sortes suivent le courant. Avec
cela il souffle un vent terrible ; la pluie se met à
tomber avec force. C'est avec la plus profonde
douleur que nous quittons ce lieu de désolation.

(*La Gazette*, lundi 13 mars 1876.)

# LES INONDATIONS & L'OURAGAN

Dans la nuit d'hier, le fleuve a monté encore de 17 centimètres.

Nous avons, dans la journée d'hier, suivi tout le cours de la Seine, et nous pouvons donner un récit complet des progrès de l'inondation.

En arrivant au pont de Bercy, nous trouvons une foule compacte, maintenue par de nombreux gardiens de la paix : ce sont les curieux accourus de tous côtés pour voir Bercy inondé.

Le quai tout entier est, en effet, sous l'eau, et la circulation ne s'y fait plus qu'en bateau et à grand'peine.

Tous les mariniers ont été réquisitionnés ; mais depuis le matin une tempête effroyable s'est déchaînée ; le vent souffle avec une violence inouïe, et il faut toute l'habileté des vieux loups de Seine pour que leurs lourds bachots ne soient pas retournés comme de simples coquilles de noix.

Toutes les autorités de l'arrondissement ont été sur pied toute la nuit ; l'officier de paix ne quitte pas le quai; M. Allain, le maire, vient d'arriver au restaurant des Marronniers, où doit avoir lieu une réunion des sénateurs, des députés et des conseillers municipaux de Paris.

Nous montons dans une barque et nous parcourons le quai.

Les grands magasins de M. Dolléans sont sous l'eau; le courant a brisé les portes du café Lyonnais; la rue de Bordeaux, un peu en pente, offre l'image d'un véritable torrent.

Sur le quai de Bercy, l'eau a augmenté, de 7 heures du matin à 2 heures, de 6 centimètres.

Néanmoins, la grande majorité des habitants n'a pas encore voulu déménager. Ils sont tous à leurs fenêtres, regardant passer les bachots. Pourtant, il a fallu absolument abandonner une maison située à quelques mètres de la rue d'Orléans.

Il y avait là deux jeunes mariés qui ont passé une vilaine nuit de noces. Ils ont été obligés de se sauver à deux heures du matin, dans le plus simple appareil, et de gagner en bateau le restaurant des Marronniers, par la pluie et le vent que vous savez.

Comme nous le disions plus haut, les habitants jusqu'à présent n'ont pas voulu déménager, et ils vont en bachots d'une maison à l'autre. Un bureau de tabac s'est installé au premier étage, et les chalands y sont nombreux; un boucher a fait de même et les ménagères sont obligées de monter à une espèce d'échelle fixée à une fenêtre pour faire leurs provisions.

En passant devant les magasins de MM. Leroux et Leurct, on nous raconte que dans la matinée d'énormes tas de barriques se sont effondrées et se sont brisées.

Le pauvre café du Sapeur est dans un état pitoyable ; le vent a brisé les vitres, l'eau pénètre partout et vient à la hauteur des billards.

Devant la rue d'Orléans, un batelier un peu gris tombe à l'eau, et on a beaucoup de peine à le repêcher au moment où il est entraîné par le courant.

En revenant, nous trouvons réunis au restaurant des Marronniers quelques députés et quelques conseillers municipaux, convoqués par le commerce de Bercy.

Nous remarquons MM. Greppo, Tirard, Brisson, députés ; MM. Dumas, Harant, Jacques, Ch. Loiseau, conseillers généraux.

M. Allain, le maire de l'arrondissement, et M. Sabatier, secrétaire de la Chambre syndicale du commerce en gros des vins et spiritueux du département de la Seine, exposent les doléances des commerçants en vins.

— La ville leur fait payer très-cher leurs places à l'entrepôt, et ils demandent qu'on leur construise un nouvel entrepôt à l'abri des inondations.

Cette proposition va être faite mardi au Conseil municipal par le préfet de la Seine, et les conseil-

lers présents promettent de s'en occuper active-
ment.

En quittant les Marronniers, nous remarquons
que les baraques en planches qui séparent le quai
du fleuve sont bien ébranlées; si elles viennent à
tomber, la circulation des bachots deviendrait impossible, car ils seraient exposés à être emportés
en pleine Seine.

M. Voisin, préfet de police, arrive bientôt, accompagné de M. Alphand et de M. Ferdinand Duval.

Ils s'embarquent et visitent tout le quai inondé.

Ce qui augmente encore le danger de l'inondation, c'est le terrible ouragan qui s'est déchaîné
sur la vallée de la Seine.

Les enseignes, les cheminées sont emportées;
les curieux entassés sur le pont de Bercy perdent
de nombreux chapeaux.

Les rues Villiot, Gallois, Soulages, de l'Yonne,
d'Orléans et Nicolaï sont envahies par les eaux, et
les voitures n'y peuvent plus circuler; elles sont
obligées de passer par la route militaire, en venant
de la porte de Bercy.

(*Paris-Journal*, 14 mars 1876.)

# SUITE DES INONDATIONS

Un certain nombre de sénateurs et de députés du département de la Seine, répondant à l'appel qui leur avait été adressé par les habitants et négociants de Bercy, se sont rendus hier matin dans le XIIe arrondissement, sur le théâtre des inondations qui désolent en ce moment ce quartier de Paris. Nous avons constaté la présence de MM. de Freycinet et Tolain, sénateurs; Greppo, Gambetta, Farcy, Clémenceau, Lamy, Germain Casse, députés, et des conseillers municipaux de l'arrondissement. Plusieurs autres députés, obligés de se rendre à Versailles, dans leurs bureaux respectifs, s'étaient fait excuser.

Nous avions reçu mercredi soir, trop tard pour la pouvoir publier dans notre dernier numéro, la lettre suivante :

« Bercy-Paris, 15 mars 1876.

« Monsieur le Directeur,

« Notre pauvre quartier présente aujourd'hui le plus affligeant état qu'il soit possible de concevoir. La Seine a envahi tout le périmètre de l'ancienne commune de Bercy, jusqu'à la chaussée du chemin de fer de Lyon, traversant tous les entrepôts et nous laissant dans les angoisses les plus grandes. Vous savez, en effet, que les magasins municipaux et la plupart des maisons de Bercy sont depuis longtemps dans un état de délabrement tel, que nous devons redouter les plus funestes conséquences de cette invasion des eaux.

« La crue a dépassé de quarante centimètres environ l'élévation de 1872 ; l'inspecteur de la navigation vient de nous informer qu'il attendait encore une nouvelle élévation de soixante centimètres, pour demain.

« Le vent épouvantable qui souffle aujourd'hui, la rapidité extrême dn courant, rendent la navigation, sur le quai, extrêmement périlleuse, et elle serait même impossible demain si, avec la crue annoncée, les barrières en planches de l'octroi étaient complétement sous l'eau. Les conséquences de cet état de choses sont d'arrêter toute espèce de transactions, de rendre l'abord des magasins absolument impossible et, en un mot, de couper court à tout commerce. Cette situation déplorable ne saurait se prolonger plus longtemps.

« Les habitants ne pourraient ni s'approvisionner ni rentrer chez eux ; les négociants seraient dans l'impossibilité de payer leurs échéances, s'ils ne pouvaient eux-mêmes faire argent de leurs marchandises.

« Nous n'avons pas besoin de vous rappeler que notre quartier de Bercy est celui où il se traite le plus d'affaires de tout Paris, et que l'arrêt de son commerce durant quinze jours se chiffre par des désastres de plusieurs millions que la charité publique ne peut restituer.

« Il est donc bien temps, ainsi que le réclamait hier le Conseil municipal, qu'on s'occupe de nous mettre à l'abri de pareils désastres.

« M. le préfet de la Seine a déclaré que son administration avait fait toutes les diligences pour presser la solution de la question des entrepôts. Il nous est agréable de constater d'aussi bonnes dispositions chez M. le premier magistrat du département, mais il nous est impossible de ne pas affirmer que notre état de souffrance ne peut se maintenir, et le Conseil municipal voudra bien, en pressant la solution qui lui est demandée, faire de son côté tout ce qui lui sera possible pour que la pioche soit mise au plus tôt dans notre quartier désolé.

« Nous attendons demain une délégation des grands corps de l'Etat, députés et sénateurs, qui pourront constater *de visu* l'importance du fléau qui nous frappe, et qui sauront donner à nos justes réclamations la satisfaction qui nous est due.

« Agréez, monsieur le Rédacteur en chef, l'assurance de ma parfaite considération.

« Pour les membres du syndicat des intérêts locaux de Bercy :

« *Le Secrétaire général,*

« BRÉMANT, rue du Médoc, 6. »

MM. les sénateurs et députés ont été reçus à l'entrepôt par les délégués des négociants de Bercy, et, conduits par eux, ils ont visité tous les lieux inondés. Le tableau qu'ils ont eu sous les yeux pendant plus d'une heure est le plus triste qui puisse être imaginé Les eaux ont envahi presque toutes les rues importantes et elles atteignent en certains endroits, notamment sur le port, une hauteur de près de deux mètres. Toute transaction commerciale, tout mouvement industriel sont forcément suspendus; néanmoins, il a fallu assurer aux habitants enfermés dans leurs maisons battues par les flots, des moyens de communication avec le dehors. L'administration a organisé un service de bateaux qui transportent gratuitement le public. Des fenêtres des étages supérieurs, la population désolée regarde passer ces convois. Une passerelle a été établie le long de la rue de Bercy; deux personnes n'y peuvent marcher de front, et lorsque deux voyageurs allant en sens inverse s'y rencontrent, ils sont obligés pour passer de se livrer à une périlleuse gymnastique. C'est sur le port surtout que le spectacle est effrayant et qu'il fait juger de l'importance du désastre. Encore a-t-on lieu de redouter de plus grands malheurs, si le fleuve ne rentre bientôt dans son lit. M. le secrétaire du syndicat de Bercy n'a point exagéré en signalant l'état de délabrement d'un grand nombre de maisons. Il en est certainement qui ne résisteraient pas longtemps..

Les représentants de Paris ont constaté qu'il était urgent de mettre sans retard à exécution le projet qui a été déposé mardi dernier sur le bureau du Conseil municipal, par le préfet de la Seine, et qui est relatif à la création d'un entrepôt définitif sur le périmètre de l'ancienne commune de Bercy, compris entre le quai, le boulevard, la rue de Bercy et le pont National. Il leur a paru en outre indispensable de procéder au redressement du cours du fleuve et à l'exhaussement de ses berges. M. de Freycinet, que sa haute compétence désignait au choix de ses collègues, a bien voulu se charger de l'examen du projet, pour lequel il a manifesté la plus vive sollicitude.

La visite de MM. les sénateurs et députés ayant coïncidé avec celle de M. le général de Ladmirault, gouverneur de Paris, celui-ci s'est rendu au milieu d'eux et leur a donné l'assurance que des mesures énergiques allaient être prises pour sauvegarder autant que possible les personnes et les propriétés. Il a ajouté que le gouvernement se préoccupait des moyens d'atténuer le désastre dans la mesure la plus large.

MM. les sénateurs et députés se sont retirés vers deux heures, après avoir reçu partout, sur leur passage, les témoignages les plus cordiaux de la sympathie et du respect de la population.

La veille, Bercy avait eu la visite du ministre de l'intérieur, du préfet de la Seine, du préfet de police, du chef de la police municipale et du directeur général de l'octroi de Paris, lesquels se sont longuement entretenus avec M. Dumas, conseiller municipal de l'arrondissement, et M. Alfred Grivot, ancien maire, à qui ils ont promis que les Chambres seraient bientôt appelées à se prononcer sur le projet de réédification de l'entrepôt. Il y a donc lieu d'espérer qu'il sera enfin donné satisfaction aux justes réclamations que le commerce de Bercy ne cesse de faire entendre depuis seize ans, c'est-à-dire depuis l'annexion de 1859.

(*La République française* du 18 mars 1876.)

# BERCY EXPROPRIÉ

## LETTRE DE BERCY

2 novembre 1876.

Mon cher Directeur,

Dans son numéro de ce matin, le *Moniteur vini-cole* analyse sommairement le rapport présenté par M. Viollet-le-Duc, au *nom de la commission spéciale chargée d'examiner les projets relatifs à l'établisse-ment d'un entrepôt définitif à Bercy.*

Permettez-moi, mon cher Directeur, de dire aussi quelques mots sur ce remarquable rapport, qui sera approuvé — je n'en doute pas, surtout en ce qui concerne la question de principe — par le com-merce de Bercy. Donc, à part quelques quartiers voisins du chemin de fer de Lyon, pas d'entrepôt à étages.

Que le Conseil municipal soit loué!... Oui, mon cher Directeur, vous le dites avec juste raison, j'ai rompu beaucoup de lances au sujet de cette ques-tion, et je me félicite de ne pas être battu... La

9

victoire est pour Bercy en général et... pour moi en particulier.

Tant mieux, puisque chacun obtient gain de cause. J'arrive maintenant à certains *passages* du rapport que vous avez *passés* sous silence.

L'opération peut se résumer ainsi :

| | |
|---|---:|
| Achats d'immeubles. . . . . . . | 18.629.610 » |
| Construction de l'entrepôt. . . . | 37.000.000 » |
| Part de la Ville dans les travaux du pont de Tolbiac, des quais, des rues, des égouts. . . . . . . . . | 4.600.000 » |
| Imprévus.. . . . . . . . . . . | 770.390 » |
| Total. . . . . | 61.000.000 » |

— Quel serait le produit du nouvel entrepôt ?

| | |
|---|---:|
| 161,186 mètres de magasins à rez-de-chaussée pour les vins, à 12 fr. le mètre, donnent. . . . . . . . . . . . | 1.934.232 » |
| 49,544 mètres de magasins pour les vins, au premier étage, à 8 fr. le mètre. . . . . . . . . . . . . . | 324.352 » |
| 106,500 mètres de greniers, à 3 fr. le mètre. . . . . . . . . . | 319.500 » |
| 47,000 mètres de trottoirs, à 3 fr. le mètre. . . . . . . . . | 141.000 » |
| 43,000 mètres de magasins pour les alcools, à 14 fr. le mètre. . . . | 602.000 » |
| Location de 200 bacs à 600 fr. . | 120.000 » |
| *A reporter.* . . . . | 3.441.084 » |

|                                                                  |              |
| ---------------------------------------------------------------- | ------------ |
| *Report.* . . . .                                                | 3.441.084 »  |
| Caves des quais, 12,000 mètres à 5 fr. le mètre. . . . . . . . . . . . | 60.000 »     |
| Trottoirs des quais au-dessus des caves, loués pour cafés, restaurants, etc., 10,000 mètres à 10 fr. le mètre. . . . . . . . . . . . | 100.000 »    |
| Total. . . .                                                     | 3.601.084 »  |
| A déduire pour non-valeurs et faux frais . . . . . . . . . . . . | 650.000 »    |
| Reste net. . . . .                                               | 2.951.084 »  |

Soit 5 % du capital à engager dans l'entreprise. Mais il ne faut pas oublier qu'en sus des 18,629,610 francs d'immeubles à acquérir, la Ville a payé, pour ceux qu'elle possède déjà, une somme qui atteint 30,000,000 de francs, si elle ne les dépasse.

|                                                                  |              |
| ---------------------------------------------------------------- | ------------ |
| Il convient donc d'ajouter aux. .                                | 61.000.000 » |
| nécessaires aujourd'hui, cette somme de. . . . . . . . . . . . . | 30.000.000 » |
| environ, soit une somme de. . . .                                | 91.000.000 » |

affectée à la totalité de l'entreprise, pour laquelle le revenu de 3,000,000 ne représente que 3 1/4 %. — Et M. Viollet-le-Duc d'ajouter :

« C'est dans ces conditions qu'il convient d'envisager l'entreprise de l'établissement des Entrepôts réels de Bercy.

« D'autre part, le taux des locations présumées est plutôt coté au-dessous du produit que l'on peut

atteindre dans l'avenir qu'au-dessus ; car, actuellement, bon nombre de ces locations, dans les mau-
vaises conditions que l'on sait, atteignent des
chiffres plus élevés et qui donnent jusqu'à 20 fr.
le mètre superficiel.

« Il est donc à croire que ce revenu tendra plutôt à augmenter qu'à diminuer. En outre, dans la
situation actuelle, et bien que les mesures aient été
prises pour diminuer l'importance de la fraude,
celle-ci n'est pas moins considérable ; et, sans rien
exagérer, on peut admettre que l'entrepôt étant
définitivement établi, l'octroi bénéficiera d'une
plus-value qu'on peut estimer à. . . . 1.000.000

« Il faut dire que les négociants de Bercy sont
les premiers à réclamer une situation qui permette
de supprimer cette fraude, dont eux-mêmes sont
les premiers à souffrir, en ce qu'elle se fait souvent
au profit des agents subalternes et à leur propre
détriment. »

Je m'arrête ici, car le rapport est long, et j'y re-
viendrai, s'il y a lieu.

D'ailleurs, le Conseil municipal ne peut tarder à
prendre une décision : elle est attendue avec impatience.

Je ne terminerai pas cette lettre, mon cher Directeur, sans me faire l'interprète du commerce de
Bercy, pour remercier la Commission municipale
de l'Entrepôt de Bercy de ses nombreuses études,
de son remarquable travail et de la façon aimable

avec laquelle elle a reçu et entendu plusieurs fois les représentants du commerce de Bercy.

L'honorable secrétaire de cette commission, M. Ernest Dumas, est conseiller municipal du quartier de Bercy; et chacun de nous saura rendre hommage à son mérite et à son dévouement. Ses rapports avec le commerce de Bercy sont des plus agréables; il ne s'en est jamais éloigné, au contraire, et l'on peut dire, en toute vérité, que M. Dumas s'est toujours maintenu à la hauteur de la mission qui lui a été confiée, pour la seconde fois, par les électeurs du quartier de Bercy.

Espérons qu'ils n'oublieront pas leur très-intelligent et très-dévoué Conseiller municipal.

Agréez, etc.

*(Moniteur vinicole.)*

# LETTRE DE BERCY

16 novembre 1876.

Mon cher Directeur,

En terminant son rapport, M. Viollet-le-Duc proposait au Conseil municipal d'adopter la délibération suivante :

« Il est ouvert à M. le préfet de la Seine :

1° Sur les fonds disponibles de l'emprunt de 1876, pour procéder à l'acquisition des immeubles nécessaires à la formation du périmètre de l'entrepôt et de ses abords, tel qu'il est indiqué dans le plan coté n° 10, par des lisérés rouges, un premier crédit de . . . . . . . . . . 18,629,610 fr.

2° Sur les fonds disponibles de l'emprunt de 1876, pour la part de la Ville dans les travaux des ponts et chaussées, qui comprennent la construction du quai de Bercy, du pont de Tolbiac, des

A *reporter*. . . . . 18,629,610 fr.

|  |  |
|---|---:|
| *Report.* . . . . | 18,629,610 fr. |

abords de ce pont sur le quai de la Gare et de tous les travaux de viabilité concernant l'entrepôt, un second crédit (y compris une somme à valoir de 770,390 fr.) de     5,370,390

3° Sur les fonds disponibles de l'emprunt de 1876, pour procéder à l'établissement des clôtures du périmètre de l'entrepôt, un troisième crédit de . . . . . .     800,000

Total . . 24,800,000 fr.

M. le préfet de la Seine est autorisé à poursuivre l'approbation de ces projets auprès de l'administration des travaux publics et à réclamer de l'Etat la moitié de la dépense des quais, du pont de Tolbiac et autres dépenses touchant la grande voirie, moitié qui est évaluée à 3,100,000 fr.

Pour l'emploi du surplus de la somme de 40 millions, inscrite au tableau d'emploi de l'emprunt de 1876, pour la reconstruction de l'entrepôt de Bercy, M. le préfet est invité à présenter au Conseil un projet définitif des bâtiments composant l'entrepôt, conformément aux dispositions d'ensemble adoptées dès ce jour, et dans la limite des devis soumis au Conseil. »

Après le dépôt de ce rapport, qui est daté du 9 novembre, tous les habitants de Bercy ont pensé que le mois de décembre ne s'écoulerait pas sans que le Conseil municipal fût saisi de cette importante question.

De jour en jour, la discussion était annoncée : c'est pour mardi prochain...; non, disait un autre, c'est pour jeudi...; enfin, celui qui avait parlé de jeudi était dans le vrai. — En effet, jeudi dernier, et, au moment où plusieurs conseillers municipaux s'apprêtaient à statuer sur le sort de notre grand entrepôt (la question était à l'ordre du jour), un vote renvoya l'affaire à une autre session, malgré les observations de M. Dumas; de sorte que, au lieu d'avancer, nous reculons...

Pourquoi apporter tant de lenteurs?... Si le Conseil municipal eût voté, au commencement de décembre, les conclusions du rapport de M. Viollet-le-Duc, l'expropriation *pour procéder à l'acquisition des immeubles nécessaires à la formation du périmètre de l'entrepôt et de ses abords* (plan coté n° 10), — eût pu avoir lieu avant la fin de 1876, pour faire place nette en avril 1877. — En janvier ou février, le jury d'expropriation eût mis d'accord tout le monde. Maintenant, il est trop tard : les congés ne pourront être donnés que pour le mois de juillet prochain.

M. Ernest Dumas, le conseiller municipal du quartier de Bercy, qui voit les choses de près, a donc eu raison de protester contre le renvoi de la discussion du rapport à une autre session.

*Mettez Bercy à l'abri des inondations*, dirons-

nous au Conseil municipal ; et nous verrons ensuite, pour la construction des magasins. — Allons
au plus pressé ! Et, comme tout le périmètre de
l'entrepôt de Bercy doit être orné de clôtures,
activez l'expropriation d'immeubles désormais inu-
tiles!...

Depuis qu'il est question d'établir un entrepôt
définitif, à Bercy, les propriétaires subissent de
grandes pertes. La moitié de leurs appartements
sont vacants. Personne n'ose louer, craignant
d'être obligé de déménager d'un moment à l'autre.

Les boutiquiers se trouvent aussi lésés dans
leurs intérêts.

Les instituteurs et les institutrices souffrent
également d'une semblable situation, puisque la
population déserte le quartier.

Oui, mon cher Directeur, toutes ces lenteurs sont
des plus regrettables.

C'est un grave préjudice :

1° Pour les négociants inondés presque chaque
année ;

2° Pour les propriétaires dont les revenus diminuent de plus en plus ;

3° Pour les boutiquiers et commerçants qui,
tout en voyant leurs affaires diminuer sensible-
ment, constatent que leurs frais généraux : loyer,
impositions, etc., *ne diminuent pas.*

Et si, contrairement aux prévisions du commerce, la question de l'entrepôt de Bercy n'était pas résolue prochainement, ce serait le cas de répéter en chœur :

« *Quel est ce mystère ?* »

Agréez, etc.                              A. S.

(*Moniteur vinicole.*)

# LETTRE DE BERCY

---

1er avril 1877.

Mon cher Directeur,

La semaine dernière vous avez annoncé à vos lecteurs que, dans sa séance du **20 mars**, le Conseil municipal avait adopté, sans discussion, les résultats de l'enquête ouverte sur la formation du nouveau périmètre des entrepôts de Bercy, et les rectifications des voies publiques aux abords de ces entrepôts.

Et vous ajoutiez :

« A bientôt l'expropriation. »

*Bientôt,* — si j'en crois les *on dit*, — serait le joli mois de juin. C'est-à-dire que, à cette époque où les roses sont dans toute leur splendeur, la Ville exproprierait, — pour le terme d'octobre, — tous les propriétaires et locataires du périmètre de Bercy-Entrepôt.

On commencerait aussitôt les démolitions par le quai, au profit de l'ouverture d'une voie provisoire

qui remplacerait le quai de Bercy tout le temps nécessaire à sa rectification, à sa surélévation et à
celles des berges.

Les maisons sises dans les rues adjacentes, — du
quai à la rue de Bercy, — ne tomberaient que plus
tard, au fur et à mesure qu'on en aurait besoin
pour la construction des magasins.

Au moment où les vins nouveaux (1877) arrive-
raient à Bercy, les propriétaires et les locataires —
ces *amis*, toujours d'accord (?), s'en iraient... d'un
autre côté... au quai de la Rapée, comme l'ami
Francis..., à la Bastille, au boulevard Beaumarchais,
non loin du *Génie*... Enfin, on se logerait où l'on...
pourrait, car *vouloir* et *pouvoir* font deux.

Voilà, mon cher Directeur, ce que j'entends dire
dans mon quartier, qui n'a rien de commun avec
un *quartier de cavalerie légère*.

La Ville ne va pas si vite ! — Elle marche doucement, sans s'inquiéter des dérangements qu'elle oc-
casionnera au commerce, si elle le déplace au mois
d'octobre, à l'entrée de la mauvaise saison.

En effet, le moment serait bien mal choisi : Mais,
— et ceci est élémentaire, — pourquoi ne pas commencer le pont de Tolbiac dès que la Seine sera
rentrée dans son lit? Pourquoi ne pas profiter des
beaux jours pour rectifier les berges et les surélever?

Toujours des demi-mesures.

                                        A. S.   .

(*Moniteur vinicole*).

# L'ENTREPOT DE BERCY

Le *Journal Officiel*, dans son numéro du **4** septembre, a publié les lignes suivantes :

« Les travaux du nouvel entrepôt de Bercy vont commencer très-prochainement. Déjà les locataires du Rocher, des Marronniers, du Sapeur, du Petit-Château, du Pâté, les principaux restaurateurs du quai, ont reçu congé et doivent rendre la place le **1**er janvier prochain.

« Le nouvel entrepôt coûtera **91** millions ; il sera divisé en trois parties :

« La première partie fera face au boulevard de Bercy, dont elle sera séparée par une grille montée sur parpaings, comme à l'entrepôt du quai Saint-Bernard ; elle sera affectée à l'emmagasinage des vins.

« La deuxième partie sera séparée de la précédente par une large voie plantée ; elle sera réservée aux alcools.

« La troisième, qui se prolongera jusqu'aux souterrains de la gare Nicolaï, sera, ainsi que la première, destinée à loger les vins.

« Le quai rectifié sera bordé de cafés, de restaurants et d'autres établissements analogues, qui seront complétement séparés par des chais.

« Entre la deuxième et la troisième section, il y aura solution de continuité. Ces deux îlots seront séparés par une large voie publique, la rue de Tolbiac prolongée; les travaux du pont à établir sur la Seine seront adjugés, le 20 courant, au tribunal de commerce. Ce pont sera à égale distance du pont National et de celui de Bercy.

« Dans l'enceinte et en tête de chaque section s'élèveront deux pavillons, dont l'un est réservé à l'administration, l'autre à la perception.

« Une vaste salle y sera affectée à la bourse des liquides. »

La feuille officielle va un peu vite?

*Seuls*, les locataires de la Ville ont reçu congé pour le terme de janvier prochain, sans avoir droit à la moindre indemnité. Le commerce de gros trouvera des magasins en quantité suffisante en remplacement de ceux qu'on démolira. La Ville agira, espérons-le, en bonne mère de famille, de façon à ne pas entraver les opérations du commerce de Bercy.

Mais, si nous parlons des petits boutiquiers, de

certains débits : tabacs, vins, liqueurs, cafés, restaurants, tous locataires de la Ville, ils sont bien à plaindre : Leur industrie se trouve anéantie. — Voici l'une des clauses du bail entre la Ville et ses locataires de Bercy :

« Cette location est faite moyennant un loyer trimestriel de..... etc., etc. »

« Si la présente location est continuée par tacite reconduction, elle pourra être résiliée, de part et d'autre, par un congé signifié seulement trois mois à l'avance; le preneur s'engage à déménager, dans le délai fixé, sans demander à l'administration ni indemnité ni dommages-intérêts. »

Le *Sapeur*, l'un de nos plus anciens restaurants de Bercy, va donc déloger sans recevoir la plus petite indemnité ; c'est une ruine pour lui, puisque ce ne sera que dans cinq ou six ans qu'il y aura, sur le quai rectifié, des châlets pour cafés, restaurants et autres établissements analogues, lesquels seront complétement séparés des entrepôts, puisqu'ils *tourneront le dos* à la Seine.

En ce qui concerne la construction du pont de Tolbiac, la rectification des berges et la surélévation du quai, une enquête est ouverte à la Préfecture de la Seine : elle sera close le 28 septembre.

Comme il n'y aura pas d'opposition sérieuse, la Ville ne peut tarder à en finir une bonne fois avec cette importante question de Bercy.

Après les déménagements, qui devront être faits le 15 janvier 1878, au plus tard, la Ville sera en mesure de *démolir* pour *reconstruire*.

Le vieux Bercy ne sera plus qu'un souvenir !.....

A. S.

(*Moniteur vinicole*, 12 septembre 1877.)

# ENFIN!!!

PRÉFECTURE DU DÉPARTEMENT DE LA SEINE

## DIRECTION DES TRAVAUX DE PARIS

# RÉINSTALLATION DES ENTREPOTS DE BERCY
(XII<sup>e</sup> ARRONDISSEMENT)

## Publication du Plan parcellaire

Le Préfet du département de la Seine,

Vu le décret en date du 6 août 1877, qui déclare d'utilité publique, dans la Ville de Paris, l'établissement de nouveaux entrepôts réels de boissons à Bercy et la formation du périmètre de ces nouveaux entrepôts ;

Vu le plan annexé ;

Vu le titre II de la loi du 3 mai 1841 sur l'expropriation pour cause d'utilité publique ;

Vu le décret du 26 mars 1852 sur la voirie de Paris et les décrets réglementaires des 27 décembre 1858 et 14 juin 1876.

Vu le plan parcellaire des propriétés dont la ces-
sion est nécessaire, en tout ou en partie, pour exé-
cuter l'opération ci-dessus désignée, lequel plan in-
dique :

1° La superficie des propriétés atteintes ;

2° Le nom des propriétaires tels qu'ils sont ins-
crits à la matrice des rôles ;

ARRÊTE :

Art. 1er. — Le plan parcellaire ci-dessus visé restera déposé à la mairie du XIIe arrondissement
municipal de Paris, pendant huit jours consécutifs,
à partir du 7 septembre 1877, afin que chacun
puisse en prendre connaissance et produire, s'il y
a lieu, des observations sur l'application du plan
aux propriétés qui y sont désignées par une teinte
jaune.

Art. 2. — Le présent arrêté sera publié conformément aux dispositions de l'article 6 de la loi sus-
visée. (1)

Art. 3. — Le maire du XIIe arrondissement est
chargé de l'exécution du présent arrêté.

Fait à Paris, le 29 août 1877.

Signé : FERDINAND DUVAL.

8 septembre 1877.

_____

(1) A la date du 30 septembre tous les locataires de Bercy
ont reçu congé, pour le terme de janvier 1878, par le ministère de Bedel, huissier près le Tribunal civil de la Seine.

# ENTREPOT DE BERCY

Nous recevons, avec prière de l'insérer, copie de la lettre suivante, qui vient d'être adressée à M. le Préfet de la Seine, par plusieurs négociants de Bercy :

Paris-Bercy, le 25 septembre 1877.

*A Monsieur le Préfet de la Seine.*

Monsieur le Préfet,

L'expropriation de Bercy, pour le terme de janvier prochain, entraîne la démolition de tous les immeubles placés en bordure du quai.

Les cafés, restaurants, débits de vins et tabacs vont se trouver dans l'obligation de se reporter ailleurs, — ce qui produira un trouble très-grand parmi notre commerce ; car il a ses exigences et ses vieilles habitudes.

La plupart des négociants habitent Paris, à une distance trop éloignée du marché de Bercy, pour qu'il leur soit possible de déjeuner chez eux.

Nous avons donc l'honneur, Monsieur le Préfet, de recourir à votre extrême obligeance, pour vous prier de vouloir bien prendre des dispositions telles que, durant les travaux projetés, le quai de Bercy soit doté de cafés-restaurants, débits de tabacs, boîtes aux lettres, à l'usage d'un commerce aussi important que le nôtre.

La grande étendue du quai devra faciliter l'établissement provisoire de ces débits.

En ce qui concerne le bureau de tabacs, établi au n° 37 du quai, il est pourvu d'une boîte aux lettres. Nous en demandons le maintien, sinon au même endroit, du moins aux abords de la rue Gallois, puisqu'elle se trouve au milieu du quai de Bercy. Le grand bureau de poste est loin du quartier, et il est urgent, pour les négociants, de ne pas être privés de boîtes aux lettres tout le temps que dureront les grands travaux de Bercy.

Nous aimons à penser, Monsieur le Préfet, que votre administration répondra favorablement à notre demande; elle agira ainsi dans l'intérêt d'un commerce qui va se trouver bien gêné dans ses opérations pendant plusieurs années.

Agréez, Monsieur le Préfet, avec nos remercîments anticipés, l'expression de nos sentiments les plus distingués,

Hector Balmont et Edouard Rata. — Hᵉ Beaufumé et Condemine, Bedhet frères. — Bellet père et fils et Gabriel. — L.

Besson. — Aimé Blanc et Fanton. — Blanchet et Gérard. — F. Borrel. — Bourniche et Véron. — Bresson frères. — Chamonard et Caucurte. — Collignon. — Caliste Compain. — G. Compain. — Cotillon. — Croix. — Dubos frères. — — Espirat frères. — Fortin fils. — A. Froment. — Gay. — Gillet. — H. Goudard. — Griffe frères et C$^e$. — F. Jarlauld. — Jolibois. — L. Larrey. — E. Laumonier et G. Coppin. — Ledreux et C$^e$. — Lemonier fils. — Ligneau et Sabatier. — V$^e$ Machaux, Lasagne et Finelle. — E. Perraud-Bonnetat. — Protat et Raimbault. — Jules Proust et C$^e$. — L. Proust et Ducruix. — A. Rolland (liquidateur Barratin et Rolland). — Saunier frères et Duchêne. — Emile Sauvageot et Talrich. — Sentenoise. — Alfred Soudée. — Trichard fils, Yves et Chalandon.

Nous faisons des vœux pour que les négociants de Bercy réussissent dans leurs démarches.

Le quai de Bercy ne peut, en effet, devenir un désert durant les travaux de construction du nouvel Entrepôt. Il est indispensable que ce grand marché trouve à sa portée ce qui constitue sa vitalité depuis plus de quatre-vingts ans.

A. S.

*(Moniteur vinicole.)*

# Bercy & le Conseil municipal de Paris

Le Conseil municipal, dans sa séance du 2 octobre, et sous la présidence de M. Outin, s'est encore occupé de la question de Bercy.

En effet, le compte-rendu débute ainsi :

« Sur le rapport de M. Marsoulan, le Conseil fixe à la somme de 6,112,665 francs la première série des offres à faire à 176 expropriés pour la formation du périmètre des entrepôts définitifs de Bercy, et il approuve dix-huit traités amiables passés avec des personnes évincées pour cette opération et s'élevant à 1,291,600 francs.

« M. Jacques fait ressortir l'intérêt que présentent, pour la ville, ces traités amiables, en présence de l'exagération des prétentions de la majeure partie des expropriés. »

Nous ferons observer à l'honorable M. Jacques que si, le plus souvent, la Ville ne faisait pas aux particuliers des offres *impossibles* (nous employons ce mot pour adoucir...), elle ne se trouverait pas « *en présence de l'exagération des prétentions de la majeure partie des expropriés.*

La Ville a attendu que les baux arrivassent à expiration, ou à peu de chose près, pour exproprier Bercy. Le jury, qui sera appelé prochainement à statuer sur le sort des intéressés, appréciera et votera en conséquence, tout en tenant compte aux locataires de Bercy de la fâcheuse position dans laquelle ils se trouvent depuis si longtemps, notamment les petits commerçants et les boutiquiers.

Et, puisque les locataires-négociants de la Ville placés en bordure du quai ont reçu congé, pour le terme de janvier prochain, de leurs bureaux et magasins, il convient que les expropriés sachent au juste quelle est la quantité de magasins qui leur sont réservés, car l'administration ne doit pas démolir la totalité des magasins compris dans le congé donné. — Il est indispensable aussi que l'administration fasse de nouvelles locations aux expropriés, sur la limite même de ce qu'ils occupent aujourd'hui depuis plusieurs années, ce qui leur permettra de conserver la maison de commerce avec bureaux, au même endroit, en se réservant de louer plus loin des magasins, suivant l'importance des affaires.

Tout ceci à titre de provisoire, bien entendu, puisque, avant de procéder à la construction des magasins, la Ville doit rectifier et surélever les berges et le quai, puis construire le pont de Tolbiac.

Le tout ne sera pas achevé, croyons-nous, avant 1890 ; et, d'ici là, il faut que les négociants de Bercy ne soient pas lésés dans leurs intérêts.

Nous tiendrons nos lecteurs au courant de cette importante question.

A. S.

(*Moniteur commercial*, 10 octobre 1877.)

# BERCY-ENTREPOT

La Chambre syndicale du commerce en gros des vins et spiritueux de Paris et du département de la Seine s'est réunie en séance générale, le vendredi 5 octobre, sous la présidence de M. Alfred Allain.

L'honorable président, qui est maire du XII<sup>e</sup> arrondissement de Paris et membre de la commission chargée des intérêts de Bercy, en ce qui concerne la reconstruction de l'entrepôt des liquides, a fait savoir à ses collègues de la Chambre syndicale que la commission d'enquête s'est réunie le 3 octobre.

Il résulte des explications qui ont été fournies que le sol serait relevé à 8<sup>m</sup>70 au-dessus de l'étiage, niveau existant en 1658, de manière à mettre l'entrepôt à l'abri des inondations.

Trois ouvertures voûtées sont proposées par l'administration pour mettre en communication l'entrepôt avec le bas port; ce nombre étant insuffisant, trois autres ont été demandées au nom du commerce.

10

On a l'intention d'établir trois escaliers pour descendre du quai sur le bas port, à des distances
égales; mais ces descentes ont paru insuffisantes :
aussi, mêmes réclamations ont été faites à ce sujet.

On doit construire des caves voûtées sur toute
la longueur du bas port et de la profondeur du
quai; elles contiendront quatre rangées avec deux
couloirs.

Pour la sortie des voitures du bas port vers
Paris et vers l'intérieur, les ingénieurs ont proposé
deux sorties aux deux extrémités. Il a été demandé
deux autres issues près du pont.

La Chambre syndicale vote des remercîments à
M. Alfred Allain pour la façon avec laquelle il a
défendu, au sein de la commission d'enquête, les
intérêts du commerce de Bercy.

Impossible de mieux terminer une séance. Nos
compliments à M. le maire du XII⁰ arrondissement
et aussi à M. le président de la Chambre syndicale.

A. S.

(L'*Écho agricole*, 15 octobre 1877.)

# L'ENTREPOT DE BERCY

Environ soixante-quinze propriétaires ou locataires de Bercy passeront devant le jury d'expropriation vers le 20 novembre.

Les *Petites-affiches* ont publié les noms des expropriés (pour la première série), en faisant connaître les offres de la Ville et les demandes des intéressés. Comme d'habitude, la Ville fait des offres... comment dire le mot? — Vous me comprenez, lecteurs, il faut s'attendre à un grand combat... oratoire... entre Mᵉ Picard, le candidat malheureux de l'*Oise*, et les avocats des expropriés. — L'avoué de la Ville est déjà venu faire quelques excursions à Bercy; il a visité le *Rocher de Cancale* (le *Véfour* du cru), les boutiquiers et plusieurs immeubles du quai, de la rue Gallois, etc.

Mᵉ Picard a été à même de constater que les affaires marchaient aussi bien que les fourneaux de Philippe Verrier. « On n'engendre pas la mélancolie à Bercy, dit-il à Philippe; je vois avec plaisir

que le commerce ne souffre pas plus que les esto-
macs des négociants. »

Très-aimable, n'est-ce pas, l'avoué de la Ville...
en dehors de l'audience?

Enfin, la première série ne tardera pas à connaître son sort, et il restera aux mécontents vingt-
quatre heures pour maudire leurs juges...

A. S.

(*Moniteur vinicole*, 14 novembre 1877.)

# BERCY EXPROPRIÉ

Nous avons dit à nos lecteurs que les propriétaires et les locataires de Bercy, qui n'ont pu traiter à l'amiable avec la Ville, avaient reçu congé, par ministère d'huissier, pour le terme de janvier prochain. La première série passera de suite, *usque ad finem*.

Dans un article précédent, nous avons parlé des *grands expropriés:* du *Rocher de Cancale*, des *Marronniers*, du *Sapeur*, etc., etc. Nous n'oublierons pas non plus ceux qui, tout en faisant peu de bruit, font beaucoup de besogne: le restaurant Félix Porson, les *Perdrix*, le *café Lyonnais* (Buffier); le *café de Bercy* (Morsaline); l'*hôtel-restaurant*, tenu par Garrigoux, un travailleur qui a su donner à sa maison une certaine valeur. Il y a encore trois établissements qui méritent une mention honorable : le café de la *Terrasse*, celui de *Saône-et-Loire* et le café-restaurant Delarue-Charlet, quai de Bercy, nᵒ 70, au coin de la rue Nicolaï.

Une fois les démolitions terminées, comment procéderont les négociants pour les déjeuners? On nous dit que la Ville conservera les immeubles de l'entrée du quai, du n° 1 au n° 14; par conséquent, les négociants ne jeûneront pas, puisqu'il leur resterait : le restaurant Félix Porson, les Marronniers, le café de Bercy et le café Lyonnais.

Et puis, rue de Bercy, on installerait, toujours d'après les *on dit*, quelques cafés-restaurants.

\*\*\*

L'expropriation entraînera la démolition de la maison Lary, qui fut construite, en 1838, par M. Renet, ancien négociant en vins, ancien maire de Bercy et ancien député de l'arrondissement de Sceaux, sous Louis-Philippe.

M. Renet était propriétaire d'un superbe entrepôt, connu aujourd'hui sous le nom d'Entrepôt Dessort. De plus, il était possesseur des deux immeubles placés aux n°s 30 et 32 du quai.

Le premier fut acheté, après la mort de M. Renet, par M. Philippe Verrier (Rocher de Cancale); le second, par M. Lary, ancien courtier en vins. Sa maison, solidement construite, est la plus élégante du quai et la mieux appropriée aux locations, puisque, de toutes les inondations qui sont venues *tourmenter* Bercy, depuis quarante ans, une seule a envahi le rez-de-chaussée : — M° Picard dira le contraire à l'audience, mais il n'aura pas raison tout seul et le jury, qui viendra visiter les immeubles et établissements expropriés, — comme c'est s o devoir, — saura bien se prononcer avec une entière indépendance : il aura pour lui le droit et la raison et donnera à chacun ce qui lui appartient. — *Cuique suum.*

Une petite anecdote au sujet de feu M. Renet.

L'ancien pont de Bercy, remplacé par un magnifique pont en pierres, fut construit en 1831.

Louis-Philippe I$^{er}$, roi des Français de par la volonté de 221 députés, en posa la première pierre. A la tête du Conseil municipal de Bercy, l'honorable M. Renet, maire de la commune, tenant à la main un discours écrit pour cette circonstance, s'approcha de Sa *Majesté bourgeoise,* afin de donner lecture de sa prose :

« Sire, commença-t-il avec une émotion plus que vive, je suis heureux... très-heureux... d'être l'interprète... des... des... sentiments du... du... »

Alors, Louis-Philippe, ne voulant pas prolonger davantage le comique embarras de M. le maire, se prit à sourire, et, prenant doucement le manuscrit des mains de M. Renet, lui dit avec affabilité :

« Très-bien, très-bien ! M. le maire... vous me lirez... la suite, ce soir, aux Tuileries, où vous me ferez le plaisir d'accepter le dîner de famille. » Ce ne fut pas, du reste, la seule fois que M. Renet eut l'honneur de s'asseoir à la table royale, tant aux Tuileries qu'au château de Neuilly, dont sa maison de campagne était voisine. Louis-Philippe avait pour M. Renet une telle estime que, plus tard, il voulut bien apposer sa signature au contrat de mariage de son fils.

Bercy a eu aussi, comme députés de l'arrondissement de Sceaux, deux illustrations du commerce des vins: MM. Lafond et Carrichon.

Le *Charivari* de l'époque représentait ces messieurs debout, dans un grand tonneau, en train de fabriquer des faussets : à défaut de discours, ne fallait-il pas employer son temps à quelque chose d'utile?

Dame! on peut avoir de *l'esprit* et... ne pas être éloquent!...

A. S.

(*Moniteur commercial*, 21 novembre 1877.)

# LES NOUVEAUX ENTREPOTS DE BERCY

Le jury d'expropriation vient de commencer la série des affaires qui lui ont été déférées par la Ville, faute d'accord amiable entre elle et les propriétaires.

La plus importante de ces affaires est l'établissement des nouveaux entrepôts de Bercy, qui doivent couvrir une superficie de plus de 40 hectares. Les opérations d'expropriation seront divisées en quatre sessions. On estime que la fixation de la totalité des indemnités sera terminée vers la fin du mois de janvier prochain.

L'espace destiné aux nouvelles constructions est compris entre le boulevard de la Rapée et la rue de Bercy, entre le chemin de fer de Ceinture et le quai de Bercy.

Ce qui simplifiera le travail du jury, c'est le soin qu'a pris la ville de Paris de passer, depuis plusieurs années, de nombreux traités à l'amiable avec des propriétaires de maisons et de terrains situés dans le quadrilatère que nous venons d'indiquer.

Dans la première session, qui vient de se terminer après neuf audiences, le jury a statué sur l'indemnité réclamée par les propriétaires de vingt-huit immeubles. L'ensemble des allocations s'est élevé pour ces vingt-huit maisons à 4,330,000 fr.

La valeur de ces maisons était fort inégale ; une dizaine ont été estimées de 25 à 50,000 fr. La valeur de quelques autres a été fixée de 200 à 300,000 fr. Une a atteint le chiffre de 1,150,000 francs.

Les allocations n'ont pas eu une grande importance, si on en excepte un chef d'institution, rue du Médoc, qui a obtenu 100,000 fr.; un restaurateur, dont l'indemnité a été de 91,000 fr.

La totalité des indemnités industrielles n'a pas atteint un million.

Aujourd'hui commence une nouvelle session du jury d'expropriation.

Samedi, on a procédé à l'adjudication des travaux de charpenterie qui seront exécutés provisoirement, en attendant que la place soit complétement déblayée. L'évaluation était de 500,000 fr. environ.

Le 24 décembre prochain, le conseil de préfecture adjugera le pavage des rues d'isolement et l'établissement des rampes provisoires, s'élevant à 291,652 fr.

A. S.

(*Moniteur vinicole*, 8 décembre 1877.)

# Les Expropriations de Bercy et Maître PICARD

*Alea jacta est !...* Bercy a passé devant le jury d'expropriation !... N... i... nì, c'est fini. Il faut déménager ! Et les indemnités, me direz-vous ?

Ah ! oui... parlons-en !...

Hé bien ?... pas bonnes...

Le jury de la première série, à quelques exceptions près, a été bien dur ; celui de la deuxième a été très-aimable ; celui de la troisième aurait pu être plus éloquent. Enfin, la quatrième et dernière série n'a pas fait merveille.

Conclusion : les mécontents sont en majorité. Bercy, dont le commerce de détail a tant souffert, depuis plusieurs années, à cause des agissements de la Ville, Bercy, disons-nous, ne méritait pas d'être aussi maltraité.

Messieurs les jurés en ont gròs sur la conscience : ils n'iront pas dans le Paradis, — maître Picard non plus !

Nous avons entendu, pour la première fois, ce vieux lutteur, au moment des grandes expropriations entreprises sous l'Empire. — Dieu, que les temps sont changés !...

Autrefois, M<sup>e</sup> Picard avait des réparties très-spirituelles et Messieurs les avocats n'étaient pas toujours à l'aise avec l'honorable avoué de la Ville.

Aujourd'hui, ce n'est plus cela : M<sup>e</sup> Picard est bien au-dessous de sa réputation. Et puis, il emploie un langage tel que parfois l'auditoire est obligé de protester (notamment quand il s'est agi de l'expropriation des bains de la rue Soulages).

N'avons-nous pas entendu M<sup>e</sup> Picard dire, à l'une des dernières audiences, — en parlant d'un négociant âgé de vingt ans de moins que lui : « C'est un brave homme, je ne le nie pas, etc., etc. » C'était une réponse à l'avocat, qui venait de déclarer que son client n'entendait pas spéculer sur l'expropriation (une année de bail restait à courir); que, d'ailleurs, depuis vingt ans, M. X... avait fait preuve de désintéressement en remplissant des fonctions administratives, purement *gratuites et non obligatoires*, et qu'il serait injuste de lui supposer des intentions contraires à ses sentiments.

Chaque fois que ce *brave homme* de négociant parle de l'avoué de la Ville, il se garde bien de dire : « Le *père Picard*. »

Il y a, en effet, de ces expressions qui ne sont employées que dans un certain milieu... et Maître Picard semble l'ignorer...

Qu'il y ait eu des demandes exagérées (M<sup>e</sup> Picard appelle cela de la *niaiserie)*, c'est possible ; mais tout le monde s'accorde à dire que la Ville représentée par son avoué, a fait, à un très-grand nombre d'expropriés, des offres *ridicules :* nous soulignons le mot avec intention, n'en déplaise à M⁰ Picard.

L'expropriation de Bercy termine, dit-on, la carrière de l'honorable avoué de la Ville ! S'il en est ainsi, tant mieux ! car l'heure de la retraite a sonné depuis longtemps pour lui.

Place aux jeunes, n'est-ce pas ?

Après les plaidoiries, Messieurs les Jurés se rendent au domicile des expropriés pour apprécier l'importance des différentes industries, des habitations, etc., etc.

Pourquoi sont-ils suivis par l'avoué de la Ville et aussi par quelques employés de l'administration ?

Il y a là un abus que l'on devrait bien faire cesser.

Dès le moment qu'il y a eu plaidoiries et répliques, le Jury n'a pas besoin d'assister à de nouveaux débats.

Si un agent de la ville, — un agent-voyer, par exemple, — pour faire du zèle en présence de ses patrons, — se permet quelques critiques et que l'intéressé l'entende, il peut en résulter une discussion regrettable. A bon entendeur, salut !...

11

Nous ne disons pas adieu à la Ville. Il nous sera très-agréable de renouer connaissance avec elle, lorsqu'il s'agira de la construction des magasins du nouvel Entrepôt, — encore une grande question à résoudre !...

A. MAXIME.

(*Moniteur commercial*, 9 janvier 1878.)

# L'ENTREPOT DE BERCY

Depuis quelques jours, la Ville fait signer à ses locataires les baux, pour la nouvelle superficie qu'ils occupent. Il demeure bien entendu que le commerce loue *provisoirement,* en attendant son installation définitive dans les entrepôts projetés... et qui seront terminés... le *plus tôt* possible!...

Tout d'abord, on commencera, vers le mois d'août prochain, les travaux de rectification de la Seine, pour établir de nouvelles berges et construire le pont de Tolbiac; puis on s'occupera du nouveau quai et de la zone réservée aux alcools; on finira par la construction des magasins destinés aux vins.

Encore une douzaine d'années, et le grand Entrepôt de Bercy sera complétement achevé, à la plus grande satisfaction de la génération qui en profitera.

En attendant, la génération actuelle devra se contenter d'un provisoire plus ou moins agréable, suivant les emplacements, les quartiers, les sites, les ombrages, etc., etc.

Nous apprenons que les négociants de Bercy sont obligés de payer six mois d'avance, comme s'il s'agissait d'une location ferme pour 10, 12 ou 15 ans...

La Ville loue à l'année et fait payer six mois d'avance ! — C'est par trop fort ! !

Mais alors, si les locations annuelles représentent, à Bercy, douze cent mille francs, la Ville enlève six cent mille francs au commerce, sans lui payer d'intérêts, et trouve ainsi le moyen de se faire trente mille livres de rentes !

C'est le langage qu'un de nos amis de Bercy tenait à M. Héligon, l'aimable conservateur des Entrepôts de Bercy; mais ce dernier n'en peut mais; il exécute les ordres qui lui sont donnés par la *Direction* : aussi faisons-nous des vœux pour que les représentants du commerce de Bercy interviennent auprès de l'administration et lui demandent la suppression des six mois de loyer d'avance qu'elle croit devoir imposer en vertu de son pouvoir discrétionnaire.

A. S.

(*Moniteur Vinicole*, 30 mars 1878.)

# LES LOCATIONS A BERCY-ENTREPOT

La Ville loue aux négociants de Bercy des magasins à l'année, ce qui ne l'empêche pas d'exiger le paiement de six mois d'avance. Nous mettons sous les yeux de nos lecteurs le *fac-simile* de ce que l'on est convenu d'appeler un bail.

PRÉFECTURE DE LA SEINE

## VILLE DE PARIS

## DIRECTION DE L'ADMINISTRATION GÉNÉRALE

Entrepôts réels provisoires des liquides

Je soussigné, . . . . . . . . . . .
demeurant à. . . . . . . . . . .
m'engage à prendre à loyer dans l'Entrepôt provisoire des liquides établi . . . . . . . .

. . . . . . . . . . . . . .

pour ladite location avoir lieu à partir du . .

. . . . . . . . . . . . .

. . . . . . . . . . . et, dans le cas où cette location me serait consentie, je m'engage à payer pour l'année la somme totale de. . . . . exigible par quart à la fin de chaque trimestre. Me reconnaissant, au surplus, soumis, en ce qui concerne cette location, aux règlements qui régissent ou régiront l'Entrepôt dont il s'agit. Je prends, en outre, l'engagement de me conformer exactement aux dispositions de l'ordonnance du 22 mars 1833, consentant à ce que, dans le cas d'infraction de ma part aux dites dispositions et règlements de l'octroi, ou dans le cas d'infraction à l'une des conditions de la location sus-mentionnée, cette location soit résiliée de plein droit, me soumettant, dans ce dernier cas, à faire, sur simple réquisition de l'administration, la remise immédiate des lieux.

Je m'engage à me faire assurer contre tous les risques, par une Compagnie à prime fixe et d'une solvabilité reconnue, et à justifier de cette assurance et du payement des primes.

Je m'engage, en outre, à verser six mois de loyers d'avance avant l'entrée en jouissance des lieux qui font l'objet de la présente location.

Je reconnais prendre à ma charge les droits de timbre, d'enregistrement et tous autres résultant de la présente location.

### Conditions Particulières.

Les preneurs s'engagent à quitter les lieux qui font l'objet de la présente location, à la première réquisition de la ville, et ce, sans pouvoir réclamer aucune indemnité . . . . . . . . . .

. . . . . . Les magasins sont garnis de chantiers dont les preneurs demeurent responsables et qu'ils entretiendront à leurs frais pendant toute la durée de leur occupation. . . . . . Paris, le . . . . . mil huit cent soixante . . .

Signature du Soumissionnaire,

. . . . . . . .

Ainsi donc, *les preneurs s'engagent à quitter les lieux à la première réquisition de la Ville, et ce, sans pouvoir réclamer aucune indemnité ! ! !* — Et la Ville, en bonne mère de famille, exige le paiement des six mois d'avance, comme si la location était d'une durée de trois, six, neuf ou douze années ! Un grand nombre de négociants ont protesté et adressé une réclamation à la Chambre syndicale des vins, pour la prier d'intervenir auprès de l'administration, en vue de la faire revenir d'une décision si peu conforme à l'équité et qui préjudicie aux intérêts des locations de la Ville.

Nous avons appris, par le procès-verbal analytique de la dernière séance générale de la Chambre syndicale, que des réclamations doivent être faites auprès de M. le préfet de la Seine, et nul doute que son administration ne revienne sur une décision prise bien à tort. —

Certains négociants payent 40, 50 et 60 mille

francs de loyèr par an. Est-ce qu'ils n'ont pas des marchandises en quantité suffisante, — on les compte par millions de francs, — pour répondre d'une location de cinquante mille francs? — De même si la location est moins importante! Espérons que satisfaction pleine et entière sera donnée au commerce de Bercy qui, d'ailleurs, n'a pas besoin d'immobiliser des capitaux, surtout à une époque où les affaires commerciales sont si difficiles! —

Il y a, me dira-t-on, un contrat passé entre la Ville et ses locataires.

C'est vrai, mais les négociants signent contraints et forcés, puisqu'ils ne peuvent s'installer ailleurs que sur le grand marché de Bercy.

Nous reviendrons sur cette importante question (1).

A. S.

(*Moniteur commerical*), Paris, le 27 avril 1878).

(1) Depuis la publication de cette chronique, M. Jarlauld, président de la Chambre syndicale des vins, a écrit à M. le Préfet de la Seine, le 23 novembre, une lettre des plus concluantes, qui détruit de fond en comble les prétentions de M. le Préfet; aussi pensons-nous qu'il ne sera pas donné suite à la demande des six mois de loyer d'avance. (A. S.)

# BERCY-EXPROPRIÉ

Le 20 mai dernier, MM. Déchanaux et Kasel jeune se sont rendus adjudicataires de la ville de Paris, des matériaux à provenir des démolitions d'immeubles, environ 30,000 mètres de surface, expropriés pour la reconstruction des Entrepôts de Bercy, — immeubles situés :

*Quai de Bercy*, n^os 15, 16, 17, 18, 19, 20, 21, 22, 23, 24, 25, 26, 27, 28, 29, 30, 31, 32, 33, 34, 35, 36, 37, 38, 39, 40, 41, 42, 43, 44, 45 et 46.

*Rue Morse*, n^os 1, 3, 5, 7, 9, 11, 13 et 15.

*Avenue du Petit-Château, rue Gallois, rue Léopold et rue de Bercy*, n^os 43, 45, 69, 71, 73, 75, 77, 79, 81, 83, 85, 87, 89, 91, 93, 95, 97 et 99.

Depuis deux mois, on a commencé la démolition d'un grand nombre d'immeubles, et l'on peut dire que Bercy a perdu sa riante physionomie d'autrefois.

Il est vrai que les arbres de ses grands Entrepôts n'ont pas encore disparu ; que le *Petit-Château,* — ce témoin de mon enfance — et la plupart des Entrepôts ne sont pas encore tombés sous les coups redoublés du marteau.

On élargit le quai, voilà tout — pour le moment.

Mais depuis janvier, tous les commerces acces-
soires ont été expropriés, tous les industriels et
les ouvriers qui avaient élu domicile à Bercy, ont
été forcés de déménager, avec plus ou moins de
satisfaction : car on sait que, à côté d'indemnités
exagérées, on en trouve de *ridicules*...

Et les favorisés n'appartiennent pas à la classe
la plus malheureuse de Bercy, — au contraire!

*L'eau va toujours à la rivière.*

Aujourd'hui, on ne voit dans le quartier de Bercy
que des maisons désertes, des rues absolument
vides; et, lorsqu'après les heures du négoce, les
chais eux-mêmes sont abandonnés, on n'aperçoit
plus dans tout le périmètre du *vieux Bercy* que les
employés d'octroi faisant sentinelle. — Ouf!

En un mot, Bercy est une vaste solitude.

Dans la partie voisine des fortifications, les rues
transversales ont été bouchées ; et, dans les maisons expropriées qui bordent le quai, on a ma-
çonné portes et fenêtres. Cette transformation est
un sujet de surprise pour tous ceux qui ne sont pas
initiés aux projets de l'administration.

C'est que, pour reconstruire Bercy sans en éloigner le commerce, on est obligé de procéder par
fractions.

Or, pour loger — durant les travaux — les
stocks emmagasinés, on prépare des chais provisoires dans les cours, les jardins, enfin dans tous
les espaces vides avoisinant chaque fraction à cons-

truire; et, pour remplacer les issues supprimées sur le quai, on se propose de créer, de distance en distance, un certain nombre de portes proportionnellement échelonnées, — lesquelles, n'en doutez pas, seront bien surveillées : cette surveillance ne sera pas couleur de *rose* pour messieurs les fraudeurs, auxquels nous sommes redevables de l'inventaire à domicile (cette vexation d'une autre époque), qui devra disparaître une fois les Entrepôts clôturés de tous côtés; l'octroi aura les clefs dans sa poche : que lui faudra-t-il de plus?

Voici comment on procédéra, croyons-nous, pour les constructions :

D'abord, les berges seront rectifiées; elles formeront une ligne droite — du pont de Bercy au pont Napuléon. Puis on construira le pont de Tolbiac et on surélèvera le quai.

La rue de Tolbiac, située dans le XIII<sup>e</sup> arrondissement, franchira la Seine et aboutira à la place de l'église de Bercy.

Le plan général est exposé, au Champ de Mars, dans le pavillon de la Ville; mais il sera modifié, espérons-le, après les diverses observations que ne manquera pas de faire le commerce qui, en résumé, est le véritable intéressé.

L'entrepôt sera subdivisé en trois zones, dont une réservée aux alcools qui sera située dans la partie centrale.

Nous n'en sommes donc pas encore au plan définitif!

Patience, ça viendra... petit à petit... et le grand Entrepôt de Bercy sera terminé en l'an de grâce 1890 ! En attendant, les démolitions auront fait disparaître de vieux souvenirs historiques, entre autres la maison — rue de Bercy, nº 109 — qui a appartenu à Le Prévôt de Beaumont, l'intrépide adversaire du *pacte de famine*.

Alors aussi auront été complétement supprimés les derniers vestiges des demeures princières du Bercy d'autrefois ; le *Pâté-Paris*, qu'on aperçoit sur le quai, à l'angle de la rue Nicolaï, et qui aura survécu vingt ans au *Grand-Château* dont il faisait partie ; puis le *Petit-Château* et ses dépendances.

M. Gallois père s'était rendu acquéreur, en 1815, de cette dernière propriété. Dans les cours du Petit-Château on voit encore de grands marronniers dont les opulents et frais ombrages ont vu passer bien des générations. — Si ces arbres pouvaient parler, que de douces choses ils nous raconteraient, sans omettre les amoureux entretiens auxquels s'abandonnaient, pendant leurs promenades sentimentales, la Grande Mademoiselle (fille de Gaston d'Orléans, frère de Louis XIII), et le duc de Lauzun, qui avait une prédilection marquée pour ce charmant endroit.

Ces arbres nous diraient que le duc de Chartres, qui fut plus tard le roi Louis-Philippe — vint souvent, dans sa première jeunesse, égarer sous leurs épais feuillages ses rêveries, qui commençaient déjà sans doute à se teindre des sombres couleurs de la révolution, dont il pressentait les prochains et sanglants orages. . . . . . . . . . . . .

Voyez comme Bercy est solidement assis sur la rive de la Seine !

N'est-ce point pour lui que le chemin de fer de Lyon, auquel il s'adosse, traverse toute la Bourgogne, descend la vallée du Rhône, touche la mer, plonge — par son embranchement de Tarascon, — dans le pays des Etangs, le Languedoc, le Roussillon ; passe en sifflant au pied de ces milliers de coteaux, criant qu'on lui apporte les vins que l'été y fait mûrir... quand l'été est bien sage et que l'oïdium et le phylloxera n'exercent pas leurs ravages, comme cette année ?

N'est-ce point encore pour Bercy que le chemin de fer d'Orléans, dont les chantiers s'étendent en face, de l'autre côté de la Seine, va faire sa riche récolte à travers l'Orléanais, les contrées du Cher et de la Loire et les Charentes, pays des grandes eaux-de-vie, et les crûs sans rivaux du Bordelais ?

En décidant la démolition de Bercy, pour le reconstruire, sous forme d'entrepôt réel, on a calculé qu'il y aurait un emplacement suffisant pour contenir le commerce de l'Entrepôt du quai St-Bernard. Nous faisons donc des vœux pour que à un moment donné, il n'y ait plus qu'un Entrepôt unique. — On a procédé de cette façon pour les autres marchés, qui ont chacun leur spécialité : Poissy et La Villette ne font qu'un.

La suppression de l'Entrepôt du quai Saint-Bernard, — qui ne se trouve plus en harmonie avec les embellissements de la capital, notamment avec ceux du quartier du boulevard Saint-Germain, — pourrait être faite au profit de l'agrandissement du jardin des Plantes et de l'ouverture des voies abou tissant aux quartiers Saint-Victor, des Écoles et du Panthéon.

Tel est mon dernier mot, car la question de *Bercy-Entrepôt* est résolue. Le provisoire durera plus ou moins de temps, — suivant le bon vouloir de l'administration.

En attendant, les *Marronniers*, le *Rocher*, et le *Sapeur*, qui se portent à merveille, continueront à se distinguer dans l'art culinaire. Les *Marronniers* et le café *Buffier* ne seront démolis que plus tard, bien plus tard.

Le *Rocher* et le *Sapeur* se trouveront bientôt voisins, rue de Bercy 61 et 63 ; ce sera à qui mieux mieux !

La rue d'*isolement*, comprise entre les magasins et la clôture en planches du quai, portera le nom de : *Avenue du Quai-de-Bercy.*

Allons, vive Bercy !... et gloire à Noé qui planta la vigne !!...

ALFRED SABATIER.

(*Moniteur vinicole*, 21 août 1878.)

# FRÉDO

(CHANSONNETTE)

Air : *Ça doit bien gêner su' l' moment*

## I

L'air riant, la figure ouverte,
Et la désinvolture alerte,
Quel est le gaillard, que voici,
Flânant sur le quai de Bercy ?
Sur ce sympathique visage,
Mettez le nom du personnage,
Et soudain tous, en sol, en do,
Nous chanterons l'ami Frédo !

## II

Avec déférence on l'écoute,
Il reçoit l'hommage, en sa route,
Des orphelins, des écoliers,
Respectueux et familiers.
C'est que combattre pour l'Enfance,
Contre le malheur, l'ignorance,
Du pauvre alléger le fardeau,
Voilà les plaisirs de Frédo !

## III

Enfant de la classique race,
Il va des Grecs à son Horace,
Et *d'o muthos dêloi ôti*,
A l'ode : *ô beate Sesti?*

S'il se lance d'un pas agile
Sur les domaines de Virgile,
*Vires acquirit eundo.*
Quel savant que l'ami Frédo !

### IV

Mais, rempli de philosophie,
Aux calembours il sacrifie,
Et parfois, d'un air d'abandon,
Il vous crie : *Es-tu gai? ris donc?*
Quand il se délasse à ses heures,
De la plus triste des demeures
Il ferait un Eldorado.
Qu'il a d'esprit l'ami Frédo !

### V

Amis, ma soif se développe
Quand je chante ce philanthrope,
Cet honorable commerçant,
Ce convive réjouissant.
A table ! ayons des vins de France
De la plus riche provenance ;
Et surtout, n'y mettons pas d'eau ;
Il s'agit de boire à Frédo !

ÉMILE DE LA BÉDOLIÈRE.

29 mai 1874.

# TABLE DES MATIÈRES

~~~~~~~~~~~

Paris. — Impr. Moderne (Watner, directeur). rue J.-J.-Rousseau, 61.

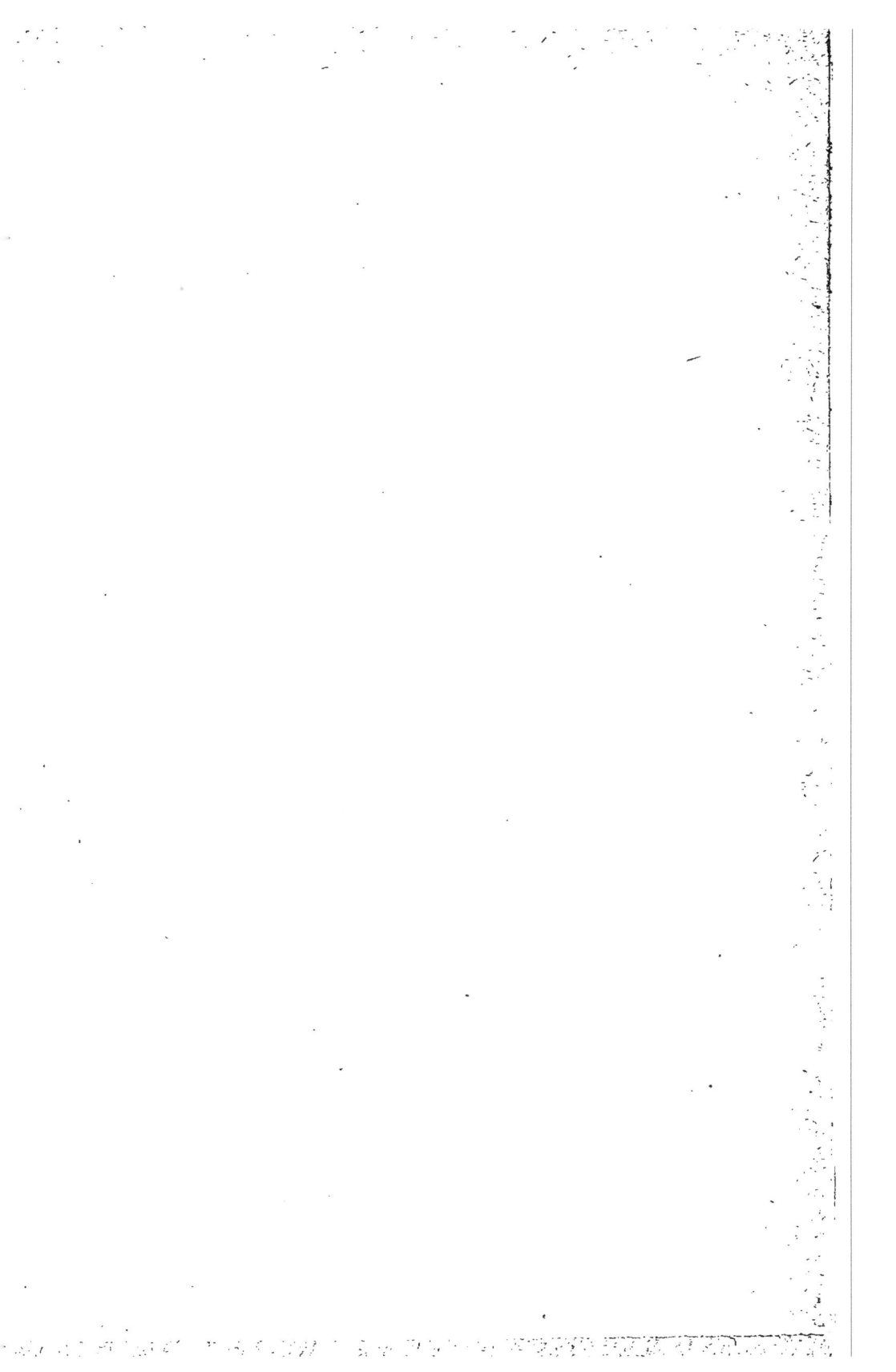

PARIS. — IMPRIMERIE MODERNE (WATTIER, D<sup>r</sup>)
rue Jean-Jacques-Rousseau, 61.

PARIS. — IMPRIMERIE MODERNE (WATTIER, D[r])
rue Jean-Jacques-Rousseau, 61.

www.ingramcontent.com/pod-product-compliance
Lightning Source LLC
Chambersburg PA
CBHW071950090426
42740CB00011B/1879